はじめての人のための

フリーランス節税事典

家計再生コンサルタント
横山光昭

アスコム

節税の仕組みを知ろう

まずは、ここから

確定申告準備スタート

経費を計算しよう

仕事で使った経費を計算し、所得金額を確定。個人事業主の経費は自己申告！

節税＝課税所得を減らすこと！

各種控除を受けよう

（控除例）

- 青色申告控除
- 社会保険料控除
- 配偶者控除
- 医療費控除
- 寄附金控除（ふるさと納税など）
- 小規模企業共済等控除（付加年金、国民年金基金、iDeCo など）

所得税額をさらに減らそう

確定した
所得税額から
控除されるものも

(税額控除例)

- 住宅借入金等特別控除
- (総合課税における)配当控除

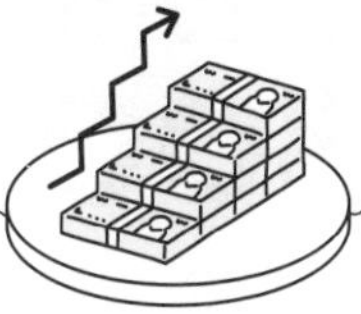

これで節税は完璧!

あなたの手取り
が増える!

つみたてNISA

節税してお金が増えれば

ライフイベントに
使えるお金が
増えるよ!

結婚
出産
教育
住宅

老後資金も潤沢に!

GOAL

所得 300万円

実際には、ご結婚されているかどうかや、お住まいの地域などによって税率が分かれるため、細かい金額は変わりますが、節税のイメージをつかんでください。

白色申告

基礎控除48万円は引かれていますが
ほとんど節税していない状態。
税金はとても高いです。

課税所得
252万円

所得税率 10%

所得税
約16万円

住民税
約26万円

国民健康保険料
約28万円

合計
70万円!!

※国民健康保険料は2020年度の東京23区の料率で計算した0～39歳の単身者の金額です。

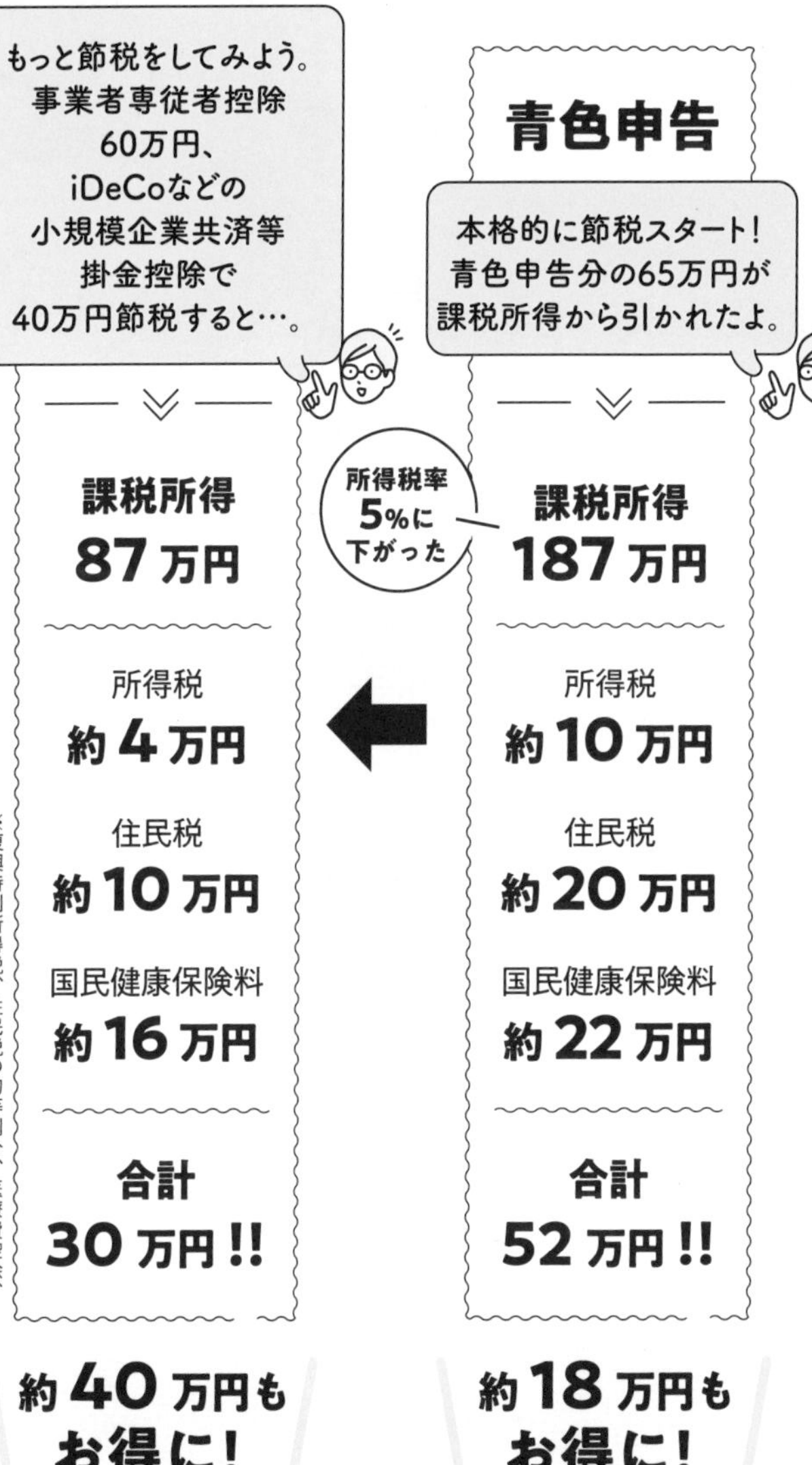
青色申告
本格的に節税スタート！
青色申告分の65万円が
課税所得から引かれたよ。
課税所得
187万円
所得税率
5%に
下がった
所得税
約10万円
住民税
約20万円
国民健康保険料
約22万円
合計
52万円!!
約18万円も
お得に！
もっと節税をしてみよう。
事業者専従者控除
60万円、
iDeCoなどの
小規模企業共済等
掛金控除で
40万円節税すると…。
課税所得
87万円
所得税
約4万円
住民税
約10万円
国民健康保険料
約16万円
合計
30万円!!
約40万円も
お得に！

※復興特別所得税、住民税の均等割分、医療費控除、社会保険料控除などは便宜上、含めず計算しています。

青色申告といくつかの控除を組み合わせただけで年間40万円以上が節税に。所得税や住民税などの金額を押さえられたことがわかると思います。場合によってはもっと節税できることもあります。次ページでは所得５００万円のケースでも見てみましょう。

所得 500万円

所得が５００万円あるのに白色申告のまま……という人は少ないかもしれませんが、数字がどう変わるか見てみましょう。所得が上がるほど節税効果は大きくなります。

白色申告

税金はびっくりするほど高い。

課税所得
452万円

所得税率 20%

所得税
約49万円

住民税
約46万円

国民健康保険料
約46万円

合計
141万円!!

青色申告

青色申告をしているだけという人は意外多いかも。

課税所得
387万円

所得税
約35万円

住民税
約40万円

国民健康保険料
約40万円

合計
115万円!!

約26万円もお得に!

さあ本番です。所得に応じて節税対策。事業者専従者控除100万円、iDeCoなどの小規模企業共済等掛金控除で80万円節税すると…。

課税所得
207万円

所得税率10%に下がった

所得税
約11万円

住民税
約22万円

国民健康保険料
約31万円

合計
64万円!!

約77万円もお得に!

※復興特別所得税、住民税の均等割分、医療費控除、社会保険料控除などは便宜上、含めず計算しています。

iDeCo、小規模企業共済などの掛金は、ここでは満額では計算していません。所得から考え、このくらいは少なくとも将来への備えに回してほしいという程度の額。掛金を増やせば、節税額はもっと上がっていきます。

. tax saving .

節税の基本をおさえよう

確定申告

「確定申告」とは、1年間の課税所得（売上から経費や所得控除などを差し引いたもの）を計算し、それにかかる税金（所得税）の額を国（税務署）に報告する手続きのことです。確定申告は1年に1回行い、個人の場合は1月1日〜12月31日の所得および所得税の額を計算し、原則として、翌年の2月16日〜3月15日の間に税務署に報告・納税します。

確定申告をしなければならないのは、主に「フリーランスや自営業などの個人事業主で、事業収入がある人」「不動産収入や株取引での所得がある人」などであり、期限内に申告しなかった場合は、「無申告加算税や延滞税を払わなければならない」といったペナルティーが発生します。

確定申告には青色と白色の2種類があり、青色で申告すると、節税面で多くのメリットがあります。ただ、そのためには、事前に「開業届」と「青色申告承認申請書」を税務署に提出し、正規の簿記の原則に基づいて帳簿をつける必要があります。

経費

確定申告の際、事業に関する支出（経費）を売上から引き、1年間の所得を決定します。何が経費になるかはPART3にて。

控除

控除とは「一定の金額を差し引くこと」であり、所得控除とは「所得から一定の金額を差し引く制度」のことです。この制度は、各納税者の個人的な事情を加味するために設けられました。

11ページの表に記したように、所得控除には「社会保険料控除」「生命保険料控除」「医療費控除」など、さまざまな種類があります。たとえば、国民健康保険や国民年金などの社会保険料を払った人は、1年間に払った保険料全額が所得から差し引かれ、生命保険料などについても一定の額が差し引かれます。

所得税は所得にかかるため、所得が大きくなれば税金の額も大きくなります。しかし、所得控除を行うことにより、計算上の所得の額（税金がかかる所得の額＝課税所得）が減るため、所得税を減らすことができます。

フリーランスの人の場合、きちんと確定申告をすることで、節税ができたり、還付金が戻ってきたりすることが多いはずです。

特に青色で申告をすれば、白色に比べて、節税できる額はかなり大きくなります。

確定申告は、フリーランスの人にとって、「払う税金を減らすため」に行うものだと言ってよいでしょう。

そう考えると、ぐっとモチベーションが上がりませんか?

節税のポイントは、自分が使える控除を知り、所得税の対象となる「課税所得」を減らすことです。

左ページに主な控除の一覧を掲載していますが、これらのうち、自分が使える控除をしっかり利用しましょう。

それこそが、税法の範囲内で行える「節税」なのです。

節税に役立つ！　主な所得控除一覧

- ¥ 基礎控除
- ¥ 社会保険料控除
- ¥ 生命保険料控除
- ¥ 地震保険料控除
- ¥ 配偶者控除
- ¥ 配偶者特別控除
- ¥ 扶養控除
- ¥ 寡婦（寡夫）・ひとり親控除
- ¥ 医療費控除
- ¥ 障害者控除
- ¥ 寄附金控除
- ¥ 雑損控除
- ¥ 小規模企業共済等掛金控除

さて、青色で確定申告をし、控除を適切に使うことで、年間20万円の節税ができたとします。

これがどういう意味を持つか、改めて考えてみましょう。

たとえば、年間20万円の節税ができたということは、

「働かずに、年間20万円分、手元に残せるお金が増えた」

ことを意味します。

フリーランスの方の中には、「確定申告なんて面倒くさい」「確定申告の作業をする時間を仕事にあてたい」「忙しくて帳簿なんてつけていられない」という人もいますが、きちんと確定申告をするだけで、年間何十万円も「手取り」が増えるのです。

それだけのお金を仕事で稼《かせ》ごうと思ったら、どれだけの時間とエネルギーを割《さ》かなければいけないか……。

そう考えれば、確定申告は、自分一人（もしくは税理士さんと二人）だけでできる、非常に効率よく、確実に「儲《もう》かる」手段だといえるのです。

しかも、本文中で詳しくお話ししますが、たとえば「小規模企業共済」や「iDeCo」のように、老後資金を増やしながら節税ができる、二重にお得な制度もあります。

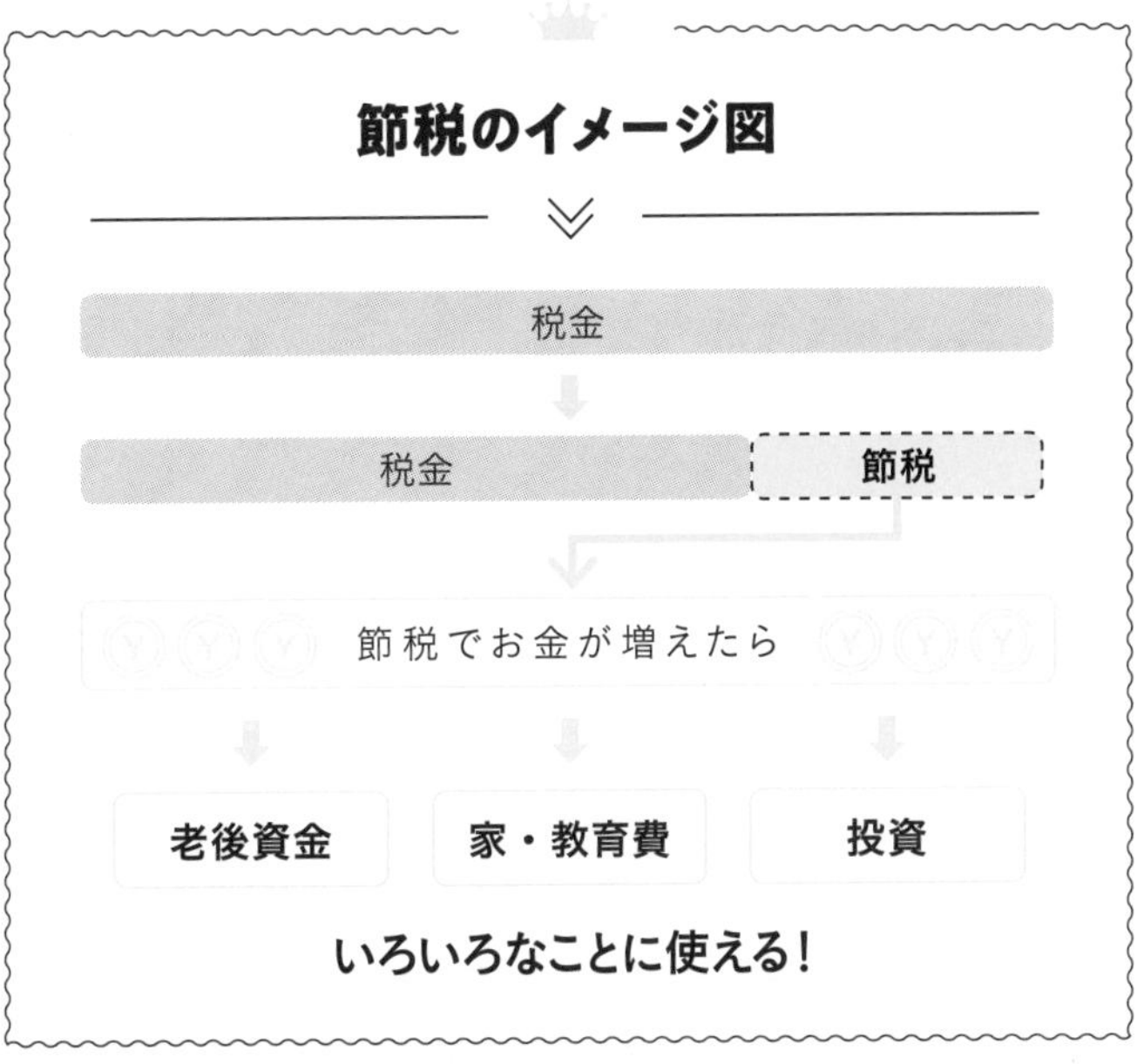
節税のイメージ図
税金
税金
節税
節税でお金が増えたら
老後資金
家・教育費
投資
いろいろなことに使える！

節税によって、年間20万円分、
自由に使えるお金ができたら、
あなたは何に使いますか？

旅行に行きますか？
洋服やアクセサリーを買いますか？
おいしいものを食べますか？
それとも貯金にまわしますか？

もちろん、
ふだん頑張っている自分にご褒美《ほうび》をあげるのも、
老後やいざというときに備えて
貯金をするのも、悪くはありません。

でも、私がおすすめする使い道は、

投資

これ一択です。

節税によって年間20万円のお金をつくる

←

投資をする

←

GOAL!!

働かずに2000万円の資産をつくる

これが、節税の最大の肝《きも》です。

節税によって投資にまわすお金をつくり、
国がつくった仕組みを利用して、
大きなお金を育ててしまう。

私が最終的にお伝えしたいのは、
働かずに2000万円のお金を手に入れる方法なのです。

「本当にそんなことが可能なの？」と思われるかもしれませんが、
特別なことは何もしていませんし、
知っている人はとっくに始めています！

一度まとめておきましょう。

確定申告は、払う税金を減らすためにやるものであり、
青色で申告し、所得控除をフルに活用すれば、
年間に数十万円のお金をつくることが可能となります。

それを、国の制度を利用し、
簡単・おトク・安全な投資にまわすことで、
働かずに、数千万円のお金に育てることができます。

『はじめての人のためのフリーランス節税事典』でできること

1 お金の知識が身につく

2 確定申告ができる

3 青色申告と白色申告の違いがわかる

4 税金を減らすことができる

5 ムダ遣いが減る

6 家計管理ができる

7 貯金体質になる

8 自由に使えるお金が増える

9 投資に関する知識が増える

10 ライフプランが立てられる

11 計画的に育児費用や教育費用をためられる

12 老後の不安が解消される

13 時間と気持ちに余裕が生まれる

はじめに

定年はなくても、いつまでも働けるわけではない

こんにちは。家計再生コンサルタントの横山光昭です。

今、この本を手にしている人のほとんどは、フリーランスとして働きつつ、確定申告のたびに、その複雑さや面倒くささに頭を悩ませたり、「どうすれば税金をもっと安くできるんだろう」と思ったりしているのではないでしょうか。

同時に、ご自分の今の生活や将来に関して、

「収入はそれなりにあるし、ムダ遣いをしているつもりもないのに、なぜか手元にお

金が残らず、貯金もできない」
「今はいいけれど、歳をとっても同じように仕事をもらえるのだろうか」
「病気やケガで働けなくなったらどうしよう」
「老後の資金として、年金以外に2000万円必要だと言われているけれど、目の前の生活で精一杯だし、退職金もないのに、そんなお金がつくれるだろうか」

といった、金銭面での不安を抱えている人もいるかもしれません。

フリーランスの人は、ただでさえ弱い立場に立たされがちです。
収入には波がありますし、いざというときに会社が守ってくれるサラリーマンと違い、退職金も社会保険も十分ではなく、病気やケガで働けなくなったら、たちまち生活に困ることになります。

「フリーランスの人には定年がなく、何歳になっても働くことができる」といわれますが、たとえば、同年代以上の担当者とのつきあいが多い場合、担当者たちが現役を退いたり会社を辞めたりすると、仕事が入ってこなくなるおそれがあります。

また、好きな仕事ができること、人間関係のストレスがないことがフリーランスの長所なのに、お金がないばかりに、やりたくない仕事をやる羽目になったり、好きでもない人と仕事をしなければならなくなったりするおそれもあります。

自由を求めてフリーランスの道を選んだのに、気がつけば、時間の自由もなくストレスだらけになっている、という人もいるのではないでしょうか。

お金を管理できず、生活苦に陥る人がたくさんいる

私はこれまで、数多くのフリーランスの方の相談に乗り、家計を見てきました。

その中で強く感じるのは、「ギャラの交渉をしっかりやり、日々の収入や支出を

完璧に把握し、節税対策もきちんとやっている」という人がいる一方で、自分のお金をまったく管理できていない人もたくさんいるということです。

特に、かつて十分な収入が得られていた時期もあったはずなのに、50代や60代になったとき、貯金がまったくなかったり、借金を抱えていたりする人もいますし、年金や国民健康保険料すら払っていなかった人もいます。

お話をうかがっていると、

「忙しくて、いちいち収入や支出をチェックしていられない」
「サラリーマンと違って、収入にも支出にも波があるため、毎月何にいくら使い、いくら貯金する、といった計画を立てるのが難しい」
「将来仕事がどうなるかわからないのに、先の生活のことまで考えられない」
「年金なんて、払ったってもらえるかどうかわからない」

といった理由から、お金を管理することを放棄し、「何とかなるだろう」とその場その場で必要なもの、ほしいものにお金を使ってきた結果、収入が少なくなると同時に生活苦に陥ってしまった……というケースが多いようです。

そして、確定申告に関して「青色申告のほうがトクなのはわかっているけど、面倒くさいし帳簿のつけ方もよくわからないから、ずっと白色で申告している」という人も少なくありません。

「節税する」「お金を管理する」「お金をためる」「投資をする」。
それが、フリーランスの人におすすめする「お金の増やし方」

こうしたリアルな声を踏まえて、フリーランスの人たちに、できるだけ手間や時間をかけずにお金をため、お金を増やし、いざというときや老後のための資金をつくることができる方法を考えたいと思い、まとめたのが、この本です。

その重要な第一歩が、節税です。

もちろん、納税は、国民の大事な義務です。

しかし、必要以上に税金を払うことはありません。

税法の範囲内で、フリーランスや自営業の人のためにつくられた制度をきちんと利用し、賢く節税し、浮いたお金を運用して、将来のためのお金を増やす。

老後のための資産を、できるだけ自分で作ることも、国民の大事な義務だと私は思います。


この本は、次のような構成になっています。

まずPART1からPART3までは、「売上」と「所得」と「課税所得」の違い、確定申告の青色と白色の違い、経費についてなど、フリーランスの人がおさえておくべき節税の基礎知識をお伝えし、PART4では、節税において肝となる所得控除（所得控除の額が大きくなればなるほど、税金の額が小さくなります）や、所得控除の額を増やしながら、同時に退職金を用意することもできる、「小規模企業共済」というおトクな制度についてお話ししています。

さらにPART5からPART7にかけては、年金や保険についての知識や、お金の管理・貯金の仕方、お金の増やし方など、フリーランスの人が今を楽しく生き、将来お金に困らないために知っておくべきこと、やるべきことをご紹介し、最後に、病気やケガで働けなくなったり、仕事がなくなったりして生活が立ち行かなくなったとき、どうすればいいのかをお伝えしています。

現在でこそこのような仕事をしていますが、実は私自身、もともとはお金にだらしがないほうでしたし、ファイナンシャルプランナーとして独立してしばらくの間は、収入も少なく、どうにも運転資金が足りなくて、金融機関から借り入れをしたりしたこともあります。

しかしそんな私だからこそ、フリーランスの人たちの大変さはよくわかっていますし、どうすれば賢く節税ができるか、どのようにお金をため、増やすのが、みなさんにとって一番よいかもわかっているつもりです。

2019年に内閣府が公表した推計によると、フリーランスとして働いている人は、306万～341万人。

その中には、本業を持ちつつ、副業でフリーランスとして働いている人も含まれますが、フリーランス人口は今後も増え続けると考えられます。

この本が、あらゆるフリーランスの人たちにとって、お金の悩みや不安から解放され、楽しく仕事をし豊かな生活を送るための一助となれば幸いです。

横山光昭

CONTENTS

PART 2 確定申告

PART 3 経費

PART 4
控除

PART 5

年金・保険

PART 6

お金の管理・貯金

PART 7　お金の投資・増やす

補足 セーフティネット

PART 1

売上、所得、税金

この章で学べること

1 売上（収入）とは何か?

2 所得とは何か?　どんな種類がある?

3 課税所得とは何か?

4 課税所得によって額が決まる税金は?

5 所得税、住民税の計算方法

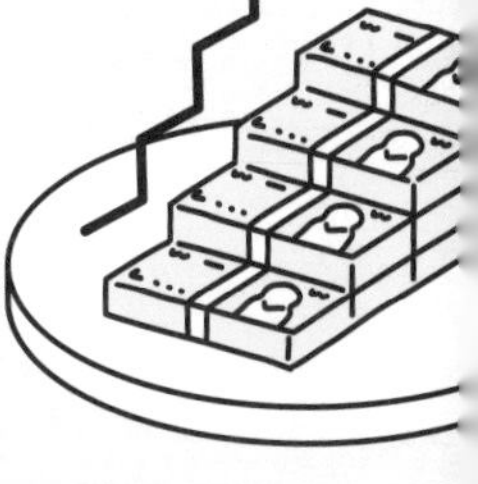

tax saving
所得、税金…節税のための基礎知識

売上（収入）

事業によって得たお金のこと。「商品・製品を売る」「サービスを提供する」など、本来の営業活動によって入ってきたお金を指し、1年間の売上の総額を「年商」という。

所得

辞書によると、所得とは「その身に得たもの」のことだが、税法上は、売上から経費を差し引いたものを指す。販売するために購入した商品や原材料、交通費、消耗《しょうもう》品の購入費、従業員の給料、オフィスの家賃など、その事業に必要な支出が経費とみなされる。

なお、所得には、事業によって得た所得（事業所得）のほか、預貯金の利子（利子所得）、株式投資などの配当金（配当所得）、土地や建物の賃貸料（不動産所得）、副業によって得た利益や年金（雑所得）など10種類ある。

課税所得

文字通り、「税金が課される所得」のこと。所得から「基礎控除」「社会保険料控除」「生命保険料控除」「医療費控除」などの所得控除を差し引いたもの。所得税の額は、この課税所得に所得に応じた税率（所得税率）をかけて算出される。

所得税

1年間（毎年1月1日から12月31日まで）の個人の所得に対してかかる税金で、国に納める（国税）。基本的には、課税所得に所得税率をかけて算出される（住宅を購入したり、株式投資などの配当金を受け取ったりした場合には、課税所得からさらに一定額が「税額控除」として差し引かれ、納税額が決まる）。

日本の所得税率は「超過累進《るいしん》課税率」であり、課税所得が大きければ大きいほど、税率も大きくなる。たとえば、課税所得が195万円以下なら所得税率は5%、195万円超330万円以下なら10%、330万円超695万円以下なら20%となる。

住民税

教育、福祉、消防・救急、ゴミ処理など、生活に必要な行政サービスの多くは、市区町村や都道府県によって提供されており、その費用は地方税によってまかなわれている。

住民税は地方税の一つであり、「市町村民税」と「都道府県民税」がある。所得税同様、1年間（毎年1月1日から12月31日まで）の個人の所得の額をもとに計算される「所得割」と、所得の額にかかわらず、定額で課される「均等割」の合算によって、納税額が決まる。金額は、課税所得の10%が目安。

消費税

消費に対して広く公平に課される税金。原則として、すべての商品・製品の販売やサービスの提供などの売上が課税対象となり、事業者が、消費者から預かった消費税をまとめて国に納める。

フリーランスの場合、「1年前の1月1日から6月末までの課税売上高や給与支払額などが1000万円を超えた場合」「2年前の課税売上高が1000万円を超えた場合」のみ、消費税の納税義務が発生し、売上の消費税額から仕入れ（原材料の購入費や広告宣伝費、通信費など）の消費税額を差し引いた金額を納める。

売上と所得と課税所得の
違いを知ることが、節税のための第一歩！
ポイントは「課税所得」。
税金は「課税所得」で計算されるので、
「課税所得」の金額を低くおさえるために、
青色申告や控除
といった制度を利用するのです。

フリーランスに関係する、主な所得一覧

事業所得
フリーランスや自営業の人などが事業によって得た収入

雑所得
公的年金、小規模企業共済の共済金や確定拠出年金などの企業年金の年金受け取り、生命保険の個人年金保険、副業によって得た収入など

利子所得
預貯金、債券などの利子

配当所得
株式の配当金、株式投資信託の分配金など

一時所得
生命保険の満期保険金、懸賞金、競輪や競馬の払戻金など

不動産所得
土地や建物の賃貸料など

譲渡所得
不動産や株式、投資信託などを売却して得た収入

退職所得
小規模企業共済の共済金、確定拠出年金など（一括で受け取った場合）

・tax saving・

売上、所得、課税所得、手取りの違いを知ろう

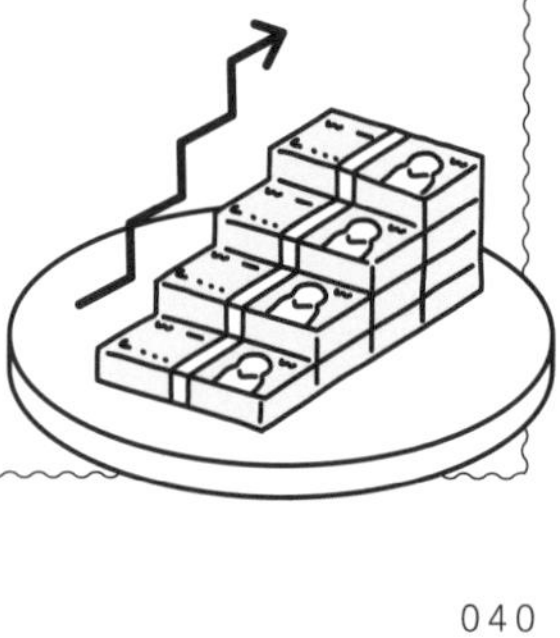

売上、所得、課税所得、手取りの違いを知ることが節税やお金の管理の第一歩！

売上と所得、課税所得、手取りといった言葉の意味を正確に理解していないと、賢い節税の仕方がわからなかったり、ついついお金を使いすぎてしまったり、といったことになりかねません。

節税のためにも、お金をしっかりと管理できるようになるためにも、まずはこうした言葉を知り、「自分の売上、所得、手取りがそれぞれいくらなのか」をきちんと把握しましょう。

違いを知っている人は…

うまく節税ができ、お金も管理できるため、
金銭的に余裕が生まれ、
将来への備えもできる。

違いを知らない人は…

節税の仕方がわからず、
お金を使いすぎたりしてしまうため
金銭的に余裕がなく、将来への備えもできない。

私はこれまで、数多くのフリーランスの方のお金の相談に乗ってきました。

その際、特に強く感じたのが、「**お金に関する言葉、特に『入ってきたお金』に関する言葉の使い方は人それぞれである**」ということです。


たとえば、「収入」という言葉。

「入ってきたお金」といった意味で使うのはもちろん共通していますが、「あなたの収入（年収）はおいくらですか？」と尋ねられたとき、「1年間のギャランティーの、額面上の総額（所得税や住民税などが引かれる前の金額）」を答える人もいれば、「税金や社会保険料などが引かれた後の金額」を答える人もいますし、ときには「税金や社会保険料などに加え、仕事に必要な経費を引いた額」を答える人もいます。


これは「売上」や「所得」といった言葉に関しても同様です。

おそらくみなさんの中にも、「売上」「収入」「所得」といった言葉自体は知っていても、その内容について具体的に説明することはできない、という人がいらっしゃるのではないでしょうか。

しかし、**税務上ではこうした言葉が、以下のようにきちんと定義されています。**

売上：商品やサービスの代金、業務委託の報酬など、メインの事業によって得たお金や物品（物品はお金に換算して額を出す）

収入：売上と雑収入（売上とは別に、事業の過程で副次的に得たお金や物品）を合わせたもの。雑収入がない場合は、売上＝収入と考えてよい

所得：収入から、事業にかかった費用（経費）を引いたもの。「利益」に近い

さらに、所得から社会保健料控除（国民年金や国民健康保険の保険料）、生命保健料控除（生命保険の保険料の一部）など（これらを「所得控除」といいます。詳しくはＰＡＲＴ４をご覧ください）を引いたものを「課税所得」といい、所得税や

住民税の一部（所得割部分）はこの課税所得を元に計算されます。

そして、これは税務上の言葉ではないのですが、売上から経費や税金、社会保険料などを引いた額を「手取り」といいます。

これらを理解していないと、どうすれば賢く節税できるかがわかりません。所得控除を利用して、課税所得を小さくすることが節税であり、そのためには、「課税所得とは何か」を知っておく必要があるのです。

また、102ページでお話しするように、フリーランスの場合、「売上は大きく、一見羽振りがよさそうではあるものの、経費も大きく手取りが小さい」というケースが少なくありません。

そのため、生活のサイズは、本当は手取りの額を基準にするべきなのですが、中には、売上が大きいと、つい気持ちも大きくなって、生活のサイズを売上に合わせてしまう人もいます。

そうすると、金銭的に余裕がなくなり、税金の支払いなどに苦労することになりかねません。

まずはお金に関する言葉の意味や、「自分の売上、所得、手取りがそれぞれいくらなのか」をきちんと把握すること。

それが、フリーランスにとって「節税」の仕方を理解し、お金を管理できるようになるための第一歩なのです。

tax saving

課税所得と税金の関係を知ろう

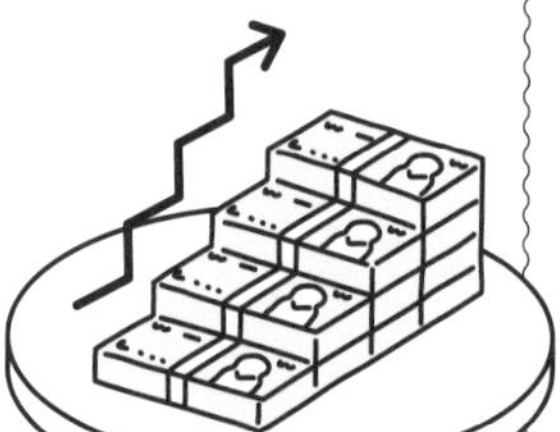

「売上」「所得」「課税所得」の違いを知ろう

所得税や住民税（所得割部分）は「課税所得」にかかります。

「売上」「所得」「課税所得」がそれぞれどういうものなのか、まずはおさえておきましょう。

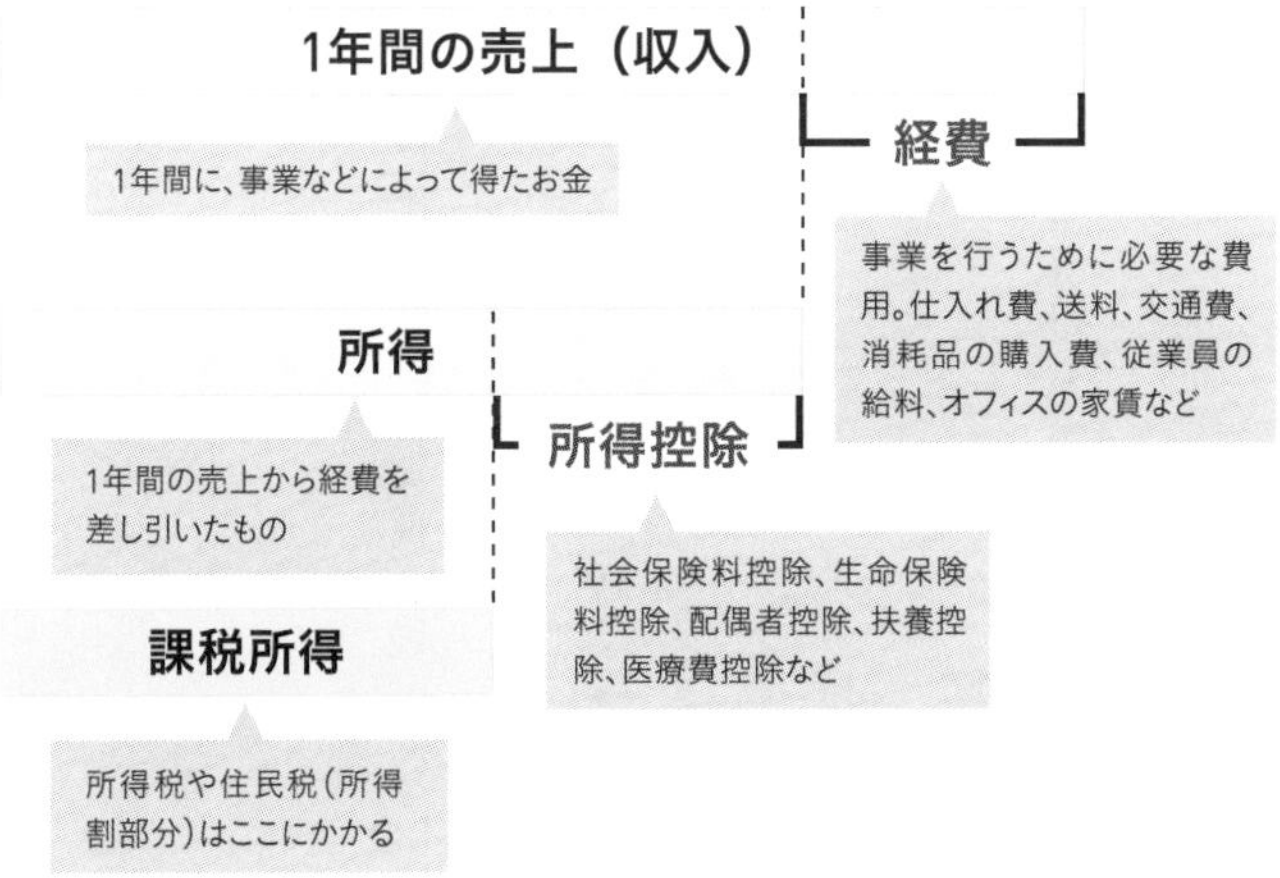

売上　ー　経費　＝　所得

所得　ー　所得控除　＝　課税所得

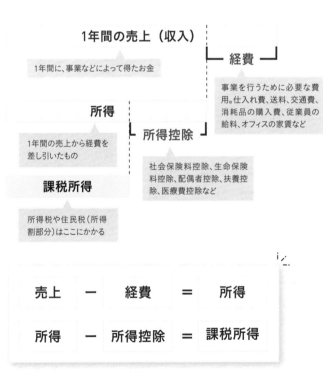

税金には、課税主体が国である「国税」と、地方公共団体である「地方税」があり、国税には所得税、法人税、相続税、贈与税、消費税、酒税、たばこ税、自動車重量税などが、地方税には住民税、事業税、固定資産税、地方消費税、自動車税などがあります。

そのうち**所得税は、文字通り、所得に応じて課税される税金**です。

ただ、所得（売上から経費を差し引いたもの）がそのまま課税対象となるのではなく、所得から、さらに「所得控除」を差し引いたものが課税対象となります。

これを「課税所得」といいます。

「所得」と「課税所得」の違いは、しっかり覚えておきましょう。

所得控除についてはPART4で詳しくお話ししますが、**所得控除をできるだけ大きくし、課税所得を小さくすることが節税のポイントとなります。**

なぜなら、日本の所得税率は「超過累進《るいしん》課税率」であり、51ページの表のように、課税所得が大きければ大きいほど、税率も大きくなるからです。

たとえば、課税所得が１９５万円以下なら所得税率は５％ですが、課税所得が１９５万円超３３０万円以下なら10％、３３０万円超６９５万円以下なら20％となります。

もっとも、所得が１９５万円を超えたとたん、所得全体に10％の税金がかかるわけではありません。

１９５万円以下の部分は５％、１９５万円を超える部分のみ10％の税金がかかるよう控除額が設定されていますが、いずれにせよ、課税所得を小さくすればするほど、所得税の額も小さくなります。

なお、所得税の対象となるのは、事業によって得た所得だけではありません。

預貯金の利子、株式投資などの配当金、土地や建物の賃貸料、副業によって得た利益、年金、保険の満期金、懸賞金なども所得とみなされます。

また、住民税の額は、1年間（毎年1月1日から12月31日まで）の個人の所得の額をもとに計算される「所得割」と、所得の額にかかわらず、定額で課される「均等割」の合算によって決まります。

均等割の額は、2023年度までは5000円（都道府県民税1500円、市区町村民税3500円）、所得割の税率はおよそ10％（都道府県民税4％、市区町村民税6％）であり、課税所得が小さくなれば、住民税の所得割部分の額も小さくなります。

下の表で確認！
カンタンな所得税の計算方法

課税所得 × **所得税率** ー **控除額**

（例）課税所得が 400 万円の場合、所得税は、
400 万円× 20%ー 42 万 7500 円＝ 37 万 2500 円。

青色申告特別控除で税率が変わることがあるので、注意しよう。

（例）所得 350 万円ー 65 万円で課税所得は 285 万円に。
税率が 20%→ 10%へ変わる。

課税される所得金額	税率	控除額
195 万円以下	5%	0 円
195 万円超 330 万円以下	10%	9 万 7500 円
330 万円超 695 万円以下	20%	42 万 7500 円
695 万円超 900 万円以下	23%	63 万 6000 円
900 万円超 1800 万円以下	33%	153 万 6000 円
1800 万円超 4000 万円以下	40%	279 万 6000 円
4000 万円超	45%	479 万 6000 円

住民税の計算方法

課税所得額 × 所得割 10% ＋ 所得割5000円

＝

住民税額

・所得割の税率は、約 10%（都道府県民税 4% ＋市区町村税 6%）、均等割の額は、２０２３年度までは 5000 円（都道府県民税 1500 円＋市区町村民税 3500 円）。

・所得税と住民税とでは、所得控除の額が一部異なるため、課税所得の額も異なる。

PART 2

確定申告

この章で学べること

・tax saving・

節税はここから！確定申告の仕組みを知ろう

確定申告

１年間の所得を計算し、それにかかる税金（所得税）の額を国（税務署）に報告する手続きのこと。１年に１回行い、個人の場合は１月１日～12月31日の所得および所得税の額を計算し、原則として、翌年の２月16日～３月15日の間に税務署に報告・納税する。

確定申告をしなければならないのは、「フリーランスや自営業などの個人事業主で、事業収入がある人」「不動産収入や株取引での所得がある人」などであり、期限内に申告しなかった場合は、「無申告加算税や延滞税を払わなければならない」といったペナルティーが発生する。

確定申告には青色と白色の２種類がある。

青色申告

確定申告を青色で行うためには、事前に「開業届」と「青色申告承認申請書」を税務署に提出しなければならない。また、「複式簿記」で帳簿をつけることが義務づけられており、日々の取引の記録をもとに、「仕訳帳」と「総勘定元帳」を作成する必要がある。確定申告の際には、総勘定元帳をもとに、「損益計算書」と「貸借対照表」を作成し、確定申告書B、青色申告決算書、控除を証明する書類とともに提出する。

手続きなどは複雑だが、青色申告には節税面で多くのメリットがある。

白色申告

確定申告を白色申告で行う場合は、事前の届け出は不要であり、帳簿も簡単な「単式簿記」でよい（開業後2か月以内に青色申告承認申請書を提出しなければ、その年は自動的に白色申告となる）。確定申告の際も、確定申告書Bと収支内訳書、控除を証明する書類の提出のみでOKだが、節税面でのメリットは少ない。

青色申告と白色申告、それぞれのメリット・デメリット

	メリット	デメリット
青色申告	・帳簿が簡易簿記なら10万円、複式簿記なら申告方法により55万円または65万円の青色申告特別控除を受けることができる。 ・青色事業専従者給与を経費として算入できる。 ・純損失の繰り越しと繰り戻しができる。 ・貸倒引当金の計上ができる。 ・経費で認められる範囲が広がる。 ・「少額減価償却資産の特例」により、30万円未満の仕事で使う固定資産を一度に経費にできる。	・白色申告よりも帳簿づけが複雑になる。 ・事前に青色申告承認申請書を提出する必要がある。
白色申告	・青色申告よりも帳簿づけが比較的シンプルに行える。	・青色申告のような特別控除を受けられない。 ・純損失の繰り越しができない。 ・貸倒引当金の繰入額の計算方法では「個別評価」による計算を行わなければならず、計算が複雑。 ・経費として認められる範囲が限定的。

確定申告書

確定申告書にはAとBがある。どちらも第一表、第二表があり、記入の流れなどは同じだが、申告する内容によって、使用する申告書が異なる。

Bは汎用《はんよう》版であり、誰でも使うことができるが、特にフリーランスや不動産収入がある人はこちらを使う。会社員や年金受給者はAの方が使いやすい。

確定申告書（B）や青色申告決算書（青色申告用）、収支内訳書（白色申告用）は、国税庁のサイトからダウンロードできる。

https://www.nta.go.jp/taxes/shiraberu/shinkoku/kakutei/kakutei/kojinjigyo.htm

・確定申告書B

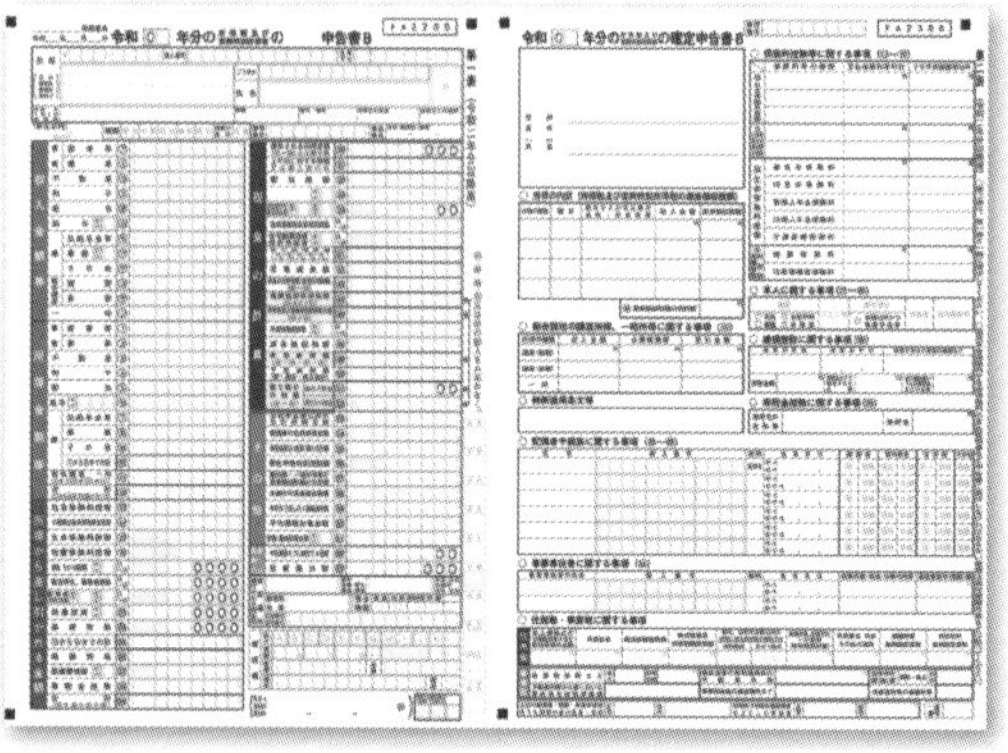

確定申告とは払うべき税金（主に所得税と住民税）、
国民健康保険料の額を決めるために行うもの
と考えるとわかりやすいでしょう。
そして、確定申告は必ず青色で！　税金の額が大きく変わります！

確定申告で金額が決まる税金

確定申告では、「所得税」「住民税」「消費税」「事業税」「国民健康保険料」の金額が決まる。所得税、消費税、事業税は「現年課税」であり、その年（2021年の確定申告なら2021年）納めるべき金額が確定するが、住民税や国民健康保険料は「前年課税」であり、翌年度（2021年の確定申告なら2022年度）納める金額が確定する。なお、個人事業者は、基準期間（前々年）の課税売上高が1000万円を超えていた場合に、消費税の納税義務者（課税事業者）となる。基準期間の課税売上高が1000万円以下でも、特定期間（前年の1月1日から6月30日まで）の課税売上高が1000万円を超えた場合は、その課税期間においては課税事業者となる。個人事業税の課税対象となるのは、地方税法等で定められた70の業種（法定業種）のみであり、これらに該当しない場合、年間の事業所得が290万円以下の場合、前3年の赤字の繰り越しがある場合などは払わなくてよい。

還付金

還付金とは、払いすぎなどの理由により、納税者へ返還される税金のこと。フリーランスの場合、報酬《ほうしゅう》が支払われる際に、最初から報酬額の10.21%が所得税および復興特別所得税として源泉徴収されていることが多い。しかし、これはあくまでも概算であり、実際には、その収入を得るために経費がかかっていることもあれば、控除が適用されることもある。つまり、還付金とは、収入の額をもとに源泉徴収された税金と、課税所得（収入から経費分や控除分を差し引いたもの）の額をもとに計算された、本来徴収されるべき税金との差額である。

・tax saving・

青色申告と白色申告の違いを知ろう

フリーランスの人は青色で申告を。
でなければ、節税はできません

「青色は面倒くさそうだから」と、白色で確定申告をしている人はいませんか？　しかし、青色申告による節税効果は非常に高く、課税所得が400万円の人であれば、所得税と住民税を合わせて、白色で申告した場合より約20万円も減らすことができます。フリーランスの人は、絶対に青色で申告するべきなのです。青色申告ほど合法的に、かつ効率的に節税できる方法は、ほかにはありません。

課税所得 400 万円の人が、白色申告をすると…

所得税と住民税の合計額は
約 78 万円…。

課税所得 400 万円の人が、青色申告をすると…

所得税と住民税の合計額は
約 58 万円！
20 万円も節税！

確定申告は、フリーランスの人と切っても切り離せない、年に1回の大仕事です。

おそらく、みなさんも毎年大変な思いをして1年間のレシートや領収書を整理し、所得と税額を計算し、税務署に書類を提出されているのではないでしょうか。


「なんで、こんな面倒なことをしなきゃいけないんだ」と思っている人もいるかもしれませんが、そこはぐっと我慢し、頑張って作業しましょう。

なぜなら、**確定申告をちゃんとやれば、それだけで大変な節税ができる**からです。

しかも、ほかの制度を組み合わせることで、節税しながら非常に効率よく退職金（老後の資金）をつくることができます。


さて、ここで、確認しておきたいことがあります。

あなたは、確定申告を青色でしていますか？

それとも、白色でしていますか？

青色でしている方はそのままでかまいませんが、白色でしている方は、

これからはぜひ、青色で申告するようにしましょう。

現在、白色で確定申告をしている人の多くは、もしかしたら「青色に変える手続きや、青色のための帳簿作りが面倒くさいし難しそうだから、白色でいいや」と思っているかもしれません。

しかし、そもそも白色申告は、会社員などの給与所得者が医療費控除などを受けるために利用するものであり、フリーランスのために作られたのは青色申告の方です。

そして、白色から青色に変えるには、税務署に簡単な書類を提出したり、白色よりも詳しい帳簿を作ったりする必要がありますが、その時間とエネルギーを費やしても余りあるほどのメリットが青色申告にはあります。

そのメリットとは、ずばり、

年間数十万円単位で税金を減らせること

です。

白色申告にはない、青色申告の節税面でのメリットとしては、

①最大で65万円の青色申告特別控除が受けられる。
②家族への給与が、全額必要経費として認められる。
③30万円未満の少額減価償却《げんかしょうきゃく》資産を、一括して経費に計上できる。
④赤字を3年間繰り越すことができる。

がありますが、このうち、①の青色申告特別控除だけでも、課税所得を最大65万

円分も減らすことができ、所得税や住民税を大きく減らすことができるのです。

また、2011年3月に起きた東日本大震災の復興施策に使うことを目的に、2012年度の確定申告から復興特別所得税が課税されることになりました。税率は課税所得の2・1%とさほど大きくありませんが、課税所得が少なくなれば、復興特別所得税も少なくなります。

ちなみに、88ページの表を見ていただければわかるように、たとえば課税所得400万円や600万円（所得税率20%）の人なら、

所得税と住民税合わせて、白色で申告した場合より、約20万円分の税金を減らすことができます。

つまり、青色申告にするだけで、自由に使えるお金、貯蓄や投資にまわせるお金

が、年間20万円増えるわけです。

あなたはいくら増えるでしょうか?

青色申告特別控除額65万円に、あなたの所得税率+住民税率を掛け算してみてください。

大ざっぱではありますが、これで、青色申告にすることによって増える(手元に残る)おおよその金額がわかります。

私はよく、相談に来られたフリーランスの方から「税金を安くする方法を教えてください」と頼まれるのですが、お話を伺っていると、白色で確定申告をしている人、青色申告のメリットを十分に活《い》かせていない人も少なくありません。

そうしたお客さまには、「確定申告を、青色できちんとやることに勝る節税方法はありませんよ」とお伝えするようにしています。

青色申告ほど合法的に、かつ効率的に節税できる方法は、ほかにはないのです。

しかも、２０１４年１月以降、従来は一部の白色申告者のみに課されていた帳簿への記帳と、帳簿や書類の保存（５～７年間）の義務が、すべての白色申告者に課されるようになりました。

「青色は帳簿を作らなければいけないから面倒くさい」と思っている人もいるかもしれませんが、**帳簿を作らなければいけないのは青色でも白色でも同じ**なのです。

たしかに、青色申告をするためには、白色申告よりも詳しい帳簿を作る必要はありますが、今は帳簿を簡単に作ることができるパソコンのソフトやクラウドサービスがありますし、税理士に依頼するという手もあります。

また、帳簿を作ることで、何にどのくらい経費を使っているのか、現時点でどのくらい資産や借入金があるのか、といったことを正確に把握できるようになります。

お金をきちんと管理するという意味でも、青色申告は非常に有効なのです。

tax saving

青色申告の始め方を知ろう

申し込むには期限が。
まだの人は急いで申請書を提出

「今年から青色で申告したい」と思っても、必ずしもその通りにできるわけではありません。その年の１月〜12月分の確定申告を青色で行いたい場合には、３月15日までに「青色申告承認申請書」を税務署に提出する必要があります。

思い立ったら、すぐに手続きをしましょう。

３月15日までに
「青色申告承認申請書」を出すと…

その年から
青色で確定申告でき、節税できる。

３月15日以降に
「青色申告承認申請書」を出すと…

青色で申告できるのも
節税できるのも１年遅くなる。

みなさんの中には、「今度から青色申告にしよう」と思ったものの、「白色から青色にするには、どうしたらいいかわからない」という人もいらっしゃるかもしれませんね。

そのような方のために、青色への切り替え方、青色での申告の仕方について、簡単にお話ししておこうと思います。

青色申告の始め方は、非常にシンプル。

新たに事業を始めた場合でも、それまで白色申告だった人が青色申告に変える場合でも、事前に以下の**書類を税務署に提出するだけ**で青色申告を始められます。

電子証明書つきマイナンバーカードをお持ちなら、インターネットを利用して、「e－TAX」（電子申告・納税システム。79ページ参照）で提出することもできます。

・個人事業の開業・廃業届出書

・青色申告承認申請書

いずれも税務署でもらうことができますが、国税庁のホームページからダウンロードすることも可能です。

このうち、「個人事業の開業・廃業届出書」は、個人事業主としてビジネスを始めたことを税務署に報告する書類であり、青色であろうと白色であろうと提出しなければなりません。

一方、「青色申告承認申請書」は、青色申告者になりたい旨を申請する書類です。

ここで気をつけなければならないのが、提出期限です。

「個人事業の開業・廃業届出書」は開業から1か月以内に提出する必要があり、「青色申告承認申請書」は、原則として、「個人事業の開業・廃業届出書」に記入した開業日が1月1日～1月15日の場合は、その年の3月15日までに、開業日が1月16日以降の場合は、そこから2か月以内に提出する必要があります。

それまで白色申告だった人が青色申告に変える場合は、「個人事業の開業・廃業届出書」はすでに提出済みであるため、新たに「青色申告承認申請書」のみを提出します。

その場合も、青色申告で申告を行う事業年度の3月15日が提出期限となり、

1日でも遅れると、青色申告できるのが1年先に延びてしまいます。

たとえば、2021年（2021年1月～12月）分の確定申告を青色で行いたい場合は、2021年3月15日までに「青色申告承認申請書」を提出しなければなら

ないわけです。

ちなみに、「青色申告承認申請書」には、「簿記方式」の欄と「備付《そなえつけ》帳簿名」の欄があります。

65万円の青色申告特別控除を受けたい人は、必ず次のようにしてください。

・簿記方式……「複式簿記」を丸で囲む。
・備付帳簿名……「現金出納《すいとう》帳」「売掛《うりかけ》帳」「買掛《かいかけ》帳」「経費帳」「固定資産台帳」「預金出納帳」「総勘定《かんじょう》元帳」「仕訳帳」の8つを丸で囲む

青色申告を始めるために、前もって必要な作業はこれだけです。

もし書き方などでわからない点があれば、お近くの税務署に相談しましょう。

また、62ページでお伝えした、青色申告の特典②「家族への給与が、全額必要経費として認められる」を利用したい人は、次の書類も提出する必要があります。

・青色事業専従者給与に関する届出書
・給与支払事務所等の開設届出書
・源泉所得税の納期の特例に関する申請書

このうち、「青色事業専従者給与に関する届出書」は、事業を開始してから2か月以内、事業開始後に家族を社員（専従者）にする場合は、雇用開始から2か月以内に提出しなければなりません。

なお、「青色事業専従者給与に関する届出書」には、専従者に支払う給与を記入する欄があります。

実際の支給額は、届け出た金額以下であれば大丈夫ですが、だからといって届け出の金額を高く設定すると、税務署の方で却下《きやつか》されることもあります。

家族以外の人を雇《やと》ったときに、どのくらいの金額でその仕事を任せるかを基準に考えるとよいでしょう。

さらに、家族であれ家族以外であれ、人を雇い、給与を支払う場合には、まず「給与支払事務所等の開設届出書」を提出し、以後は従業員の所得税を天引き（源泉徴収）して、税務署に納める義務が発生します。「給与支払事務所等の開設届出書」は、**専従者や従業員を雇ってから1か月以内**に提出しなければなりません。

源泉徴収した所得税は、原則的には毎月、税務署に納めなければなりませんが、従業員10人未満の個人事業主であれば、「源泉所得税の納期の特例に関する申請書」を提出すれば、年2回（1月と7月）にまとめて納付することができます。

あるいは、従業員に「扶養控除等申告書」を提出してもらっており、かつ月々の給料が8万8000円未満であれば、源泉徴収は免除されます。

. tax saving .

オンラインでの確定申告(e-Tax)で10万円の差がつく

税務署に行く必要なし！
自宅からネットで送信できます

青色申告をオンライン（e-Tax）で行うと、65万円の青色申告特別控除が受けられます。ただし、そのためにはマイナンバーカードが必要。できるだけ早く準備をして、完璧《かんぺき》な節税を目指しましょう。面倒な帳簿作りは、税理士さんに任せてもOK。

確定申告の書類を（e-Tax）で提出すると…

所得から65万円控除される。

確定申告の書類を税務署の窓口に提出すると…

所得から55万円だけ控除される。

これまで、「青色申告をすると、最大で65万円の青色申告特別控除が受けられる」とお伝えしてきましたが、65万円の控除を受けるには、いくつかの条件をクリアする必要があります。

その条件をごく簡単にまとめると、以下の2つとなります。

①複式簿記で帳簿を作る。
②e－Taxによって確定申告を行っている。

まず①ですが、帳簿には、誰にでも簡単に作ることのできる「簡易簿記」によるものと、少し複雑な「複式簿記」によるものの2種類があります。

そして、簡易簿記であれば10万円の、複式簿記であれば55万円または65万円の青色申告特別控除が受けられます。

簡易簿記で作る帳簿は、基本的には収支のみを記録する非常にシンプルなものであり、**白色申告で作らなければならない帳簿とほぼ同じレベル**です。

同じような作業をしても、白色なら控除額は0円、青色なら10万円ですから、「自分は簡易簿記でいいや」という人でも青色申告にしておくべきです。

一方、複式簿記は少し複雑で、各取引の内容や事業の財務状態が詳しくわかるのですが、「現金出納帳」「売掛帳」「買掛帳」「経費帳」「固定資産台帳」「預金出納帳」「総勘定元帳」「仕訳帳」の8つの帳簿を作成する必要があり、手間と時間がかかります。

みなさんの中には、「帳簿をつけたことがないし、こんな作業は無理だ」と思っている人もいるかもしれませんが、今は、最初にさまざまな設定をし、日々の取引を入力するだけで、自動的に帳簿を作ってくれるパソコンソフトもあります。

パソコンが使えて、時間やエネルギーのある人は、帳簿作成に関する本や、パソコンソフトに添付されているガイドブックなどを参考に、ご自身で帳簿や確定申告の書類を作ってみてもいいかもしれません。

もし、それも難しいということであれば、レシートや領収書、取引先から届く支払調書、各種控除証明書などをそろえて、税理士に相談しましょう。

費用は税理士によって異なりますが、経費の仕訳から帳簿作成、確定申告の書類作成までお願いした場合、相場としては、売上が500万円未満であれば10万円程度、500万円以上1000万円未満であれば15万円程度、1000万円以上だと20万円程度ということが多いようです。

それでも、**節税額を考えれば、十分に元は取れます**。

慣れない帳簿作成に時間と労力を費やすことを考えたら、税理士に委託してしまった方が、トータルではおトクだといえるかもしれません。

さて、青色で確定申告をする際には、帳簿や資料に基づいて作成した「確定申告書B」「青色申告決算書」の2種類の書類を期間中（原則として、例年2月16日～3月15日）に提出します。

いずれも、国税庁のホームページや税務署の窓口で入手することができます。それらの書類および添付資料を窓口へ持参するか、郵送またはオンライン（e－Tax）で管轄《かんかつ》の税務署に提出し、受理されれば、確定申告は終了ですが、ここで、76ページでお伝えした条件②がからんできます。

65万円の青色申告特別控除を全額受けるためには、

確定申告書類は、e－Taxで提出するようにしてください。

e－Taxとは、オンライン（インターネット）で税金関係の申請・届け出などが行える国税庁のシステムです。

e－Taxを利用すれば、「個人事業の開業・廃業等届出書」「所得税の青色申告承認申請書」や確定申告に必要な書類を、自宅から提出することができます。

これまでは簡易簿記で10万円、複式簿記で青色申告をすれば、65万円の青色申告特別控除が受けられました。

ところが平成30年度の税制改革により、2020年分以降の所得税（および2021年度分以降の個人住民税）については、青色申告特別控除の控除額が3段階に分かれることとなり、複式簿記で青色申告をしただけだと控除額は55万円、**書類をe－Taxで提出して、初めて65万円の控除が受けられる**ことになりました（「仕訳帳および総勘定元帳について、電磁的記録の備え付けおよび保存を行っている」場合も65万円の控除が受けられますが、少し難しいので割愛《かつあい》します）。

e－Taxを利用するには、

・市区町村の窓口でマイナンバーカードを取得する。

・パソコンに、マイナンバーカードの電子証明書を使うための「利用者クライアントソフト（ＪＰＫＩ利用者ソフト。公的個人認証サービスのサイトからダウンロードできる）」をインストールする。

といった準備が必要です。

なお、これまではマイナンバーカード内の電子証明書を読み取るための「ＩＣカードリーダー／ライター」が必要でしたが、２０２０年1月からは、スマートフォンでマイナンバーカードを読み取って利用することも可能になり、より簡単に確定申告などができるようになりました。

マイナンバーカードの取得には時間がかかりますから、確定申告の期日間際にあわてなくて済むよう、早めに手続きをしておきましょう。

ｅ－Ｔａｘのやり方についてわからない点がある場合は、国税庁やｅ－Ｔａｘのホームページをチェックするか、**税務署の窓口で相談**しましょう。

tax saving

還付金をどう使うかで、将来に大きな差がつく

節税で戻ってきたお金、旅行に使ってもいいけど…

確定申告で戻ってきた還付金を、「ボーナス」のようなものだと考え、旅行や買い物などに使ってしまう人もいますが、できればPART7でお話しするように、投資にまわすか、住民税などの支払いのために残しておきましょう。

還付金を投資にまわすと…

将来、還付金の額以上のお金を手にすることができる。

還付金を残しておくと…

住民税の支払いなどにあてることができる。

還付金を使ってしまうと…

投資にまわすお金が減り、将来手にするお金も減ってしまう。住民税などの支払いに困ることもある。

これまでお伝えしてきたように、フリーランスの人にとって、青色申告で確定申告を行うこと（さらに言えば、e－Taxを利用すること）は、節税の第一歩です。今、白色で申告している人は、次回からは必ず青色で申告しましょう。
そのうえで、さらに賢く節税する方法については、PART3以降で詳しくお話しします。

いくら税金を払いたくないからといって、経費を使うことで課税所得を減らそうとするのは考えものです。
たまたま利益が多く出た年に、いずれ必要になるものを買っておくならまだよいのですが、そうでない場合は、経費貧乏に陥るおそれがあります。

節税はあくまでも合法的に、そして無理のない方法で行いましょう。

さて、納めるべき所得税額が源泉徴収された額よりも少なかった場合には、確定申告してから1か月～1か月半後に、還付金が戻ってきます。

還付金は、ときには何十万円、何百万円にもなりますから、フリーランスの人にとっては、**非常に大きな臨時収入**です。

そのため、還付金が入ってくると、つい気が大きくなり、旅行に行ったり、高いお店で食事をしたりしてしまう人もいるかもしれません。

もちろん、ときには贅沢《ぜいたく》をし、生活を楽しむことも必要ですが、還付金の使いすぎには注意が必要です。

なぜなら、確定申告の結果を踏まえて、6月以降に、住民税や国民健康保険料などを支払わなければならないからです。

前年の課税所得が多ければ多いほど、当然のことながら、住民税や国民健康保険料の額も高くなります。

翌年も同程度以上の収入が見込めるなら、まだよいのですが、フリーランスの人の場合は、どうしても収入に波があります。

いざというときに困らないためにも、還付金はできるだけキープしておくことをおすすめします。

あるいは、せっかく戻ってきたお金ですから、ＰＡＲＴ７でお話しするように、投資にまわすのもいいでしょう。

安全で確実性の高い運用ができれば、将来、戻ってきた以上の額に育ってくれるかもしれません。

なお、確定申告が必要であるにもかかわらず、しなかった場合は、当然のことながら、還付金は戻ってきません。

それどころか、いくつかのペナルティーが科されます。

まず、確定申告をせず、税務署から指摘があった場合には、「期限後申告」を行うことになりますが、その際、納税額のうち50万円までの部分には15％、50万円を超える部分には20％の無申告加算税が上乗せされます（自ら期限後申告を行った場合は、無申告加算税は5％に減額されます）。

また、所得税の納付期限を過ぎると延滞税もかかりますし、悪質な所得隠しがあった場合は「重加算税」も課されます。

還付金をきちんともらうためにも、ペナルティーを科されないためにも、確定申告は期限内にきちんと行いましょう。

青色と白色で税金の額はこう変わる

◎所得 200 万円の人

	課税所得	所得税	住民税
白色申告だと…	200 万円	10 万 2500 円	20 万円
青色申告だと…	135 万円	6 万 7500 円	13 万 5000 円

差額は 10 万円

◎所得 400 万円の人

	課税所得	所得税	住民税
白色申告だと…	400 万円	37 万 2500 円	40 万円
青色申告だと…	335 万円	24 万 2500 円	33 万 5000 円

差額は 19 万 5000 円

◎所得 600 万円の人

	課税所得	所得税	住民税
白色申告だと…	600 万円	77 万 2500 円	60 万円
青色申告だと…	535 万円	64 万 2500 円	53 万 5000 円

差額は 19 万 5000 円

◎所得 800 万円の人

	課税所得	所得税	住民税
白色申告だと…	800 万円	120 万 4000 円	80 万円
青色申告だと…	735 万円	105 万 4500 円	73 万 5000 円

差額は 21 万 4500 円

注：復興特別所得税、住民税の均等割分は含めずに。

青色申告特別控除で節税できる金額の出し方

◎ 65 万×（所得税率＋住民税率）

（例）課税所得が 600 万円の場合

65 ×（20%＋ 10%）＝ 19 万 5000 円

PART 3

経費

この章で学べること

tax saving

どこまでが経費になるだろう？

経費

経費とは「経常費用」の略であり、消耗品費や交通費など、事業を行うために使ったお金のこと。確定申告の際には、まず売上から経費を差し引き、1年間の所得の額を出す。

経費になるもの

経費にはさまざまなものがあるが、特にフリーランスに関係がありそうなものは、以下の通り。

・地代家賃：

オフィスや店舗、駐車場などの家賃や使用料。

自宅で仕事をしている場合は、何割かを事業に関する分として経費申請できる（水道光熱費、保険料、自動車税、固定資産税、電話代、プロバイダ料なども同様）。

・水道光熱費：

オフィスの水道代、電気代、ガス代など。

・保険料：

オフィスの地震保険料や自動車保険料など。

・租税公課：

事業税、印紙税、消費税、不動産取得税、自動車税、固定資産税など。

・仕入れ代：

原材料費や、売ることを前提とした商品の購入にかかった費用など。

・消耗品費：

事業に必要な、取得価額が10万円未満の事務用品や家具、パソコン、ソフトウェアなど。なお、10万円以上のパソコンなどは、基本的には固定資産となり、一定の期間をかけて、経費として処理していく（これを減《げん》価《か》償却《しょうきゃく》という）。

・新聞図書費：

事業に必要な書籍や雑誌、新聞、有料のメールマガジンなど。

・研究開発費：

事業に必要な知識を得るために参加したイベントやセミナーの費用など。

・旅費交通費：

事業に必要な飛行機代、電車代、バス代、タクシー代、宿泊代など。

・通信費：

事業に必要な電話代、切手代、プロバイダ料など。

・接待交際費：

打ち合わせや営業活動の一環としての飲食を伴った会合の費用、手土産代など。

・**支払手数料：**

販売手数料、振込手数料、代引き手数料など。

・**外注工賃：**

名刺や封筒、会社のロゴ、ホームページなどを外注に出して作ってもらった場合の費用など。

・**修繕費：**

事業に関係する資産、建物、機械、器具などの通常の維持管理費や修理費。

・**荷造運賃：**

荷造運送費、荷造発送費、梱包費（ダンボール代、ガムテープ代なども含む）など。

経費のまとめ方

経費を使った際の領収書やレシートは必ず保存し、領収書類がもらえなかった場合は出金伝票に記録する。

経費のまとめ方は人それぞれだが、最低限、封筒やクリアファイルなどを12か月分用意し、月ごとに領収書やレシートをまとめておくとよい。

税務署に届け出をすれば、領収書類をデジタルで保管することも可能。

税理士への依頼

　税理士に帳簿や確定申告書類の作成を依頼する場合の料金は、依頼側の年商（1年間の売上）や依頼内容によって異なるが、おおよその相場は以下の通り。

　顧問契約　1万～3万円／月
　訪問　5000～1万円／回
　記帳代行　1万～3万円／月
　決算申告・確定申告　1万～3万円／月

税理士費用も経費計上できる

経費になるのは、事業に関する支出のみ!
なお、最近は便利な会計ソフトもありますが、
経費の計算や帳簿作成が大変なら、税理士に依頼するのも手。
何がどこまで経費として認められるか、
といった相談にも乗ってもらえます。
もちろん、税理士に依頼した場合の料金も
経費として計上できます。

· tax saving ·

個人事業主の経費は自己申告

事業を行ううえで必要な費用。そのすべてが経費です

会社員とは異なり、フリーランスは自分で経費の額や使い道を決め、計算・申告しなければなりません。

事業に必要のない支出を経費として計上したことがわかると、ペナルティーを科されます。

事業に必要な費用が
発生した場合は、
必ず領収書や
レシートをもらい、
最低でも月ごとに整理して、
大切に保管すべし。

事業を行うにはお金がかかります。
モノを売るなら、原材料や商品を仕入れる必要がありますし、オフィスを借りたり、打ち合わせのために移動したり、事務用品を買ったりするにもお金が必要です。**事業を行い、売上を得るために使った、こうした費用のことを「経常費用」、略して「経費」といいます**。

企業においては、経理担当の部署が領収書をチェックし、「経費として認められるかどうか」を判断し、とりまとめますが、フリーランスは何にいくら経費を使うかを自分自身で判断し、使った経費を過不足なく計算・申告する必要があります。
売上から経費と所得控除を差し引いたものが課税所得となるため、**経費の額が大きければ、その分、税金が課される金額は小さくなりますが、手元に残るお金も減ってしまうので、必要以上の経費は使わないようにしましょう**。

経費のうち、フリーランスに特に関係するものは90〜92ページで紹介しましたが、事務所として使っていない自宅の家賃や水道光熱費、私生活で使う日用品代や洋服代、趣味に使ったお金、事業と関係のない旅行や飲み会の費用などは経費にはなりません。

所得税、住民税、相続税なども、事業と関係がないため経費にはなりません。

経費として計上できるのは、事業に関する支出のみです。

もし、経費に該当《がいとう》しないものを経費として計上したことが、税務署の調査によって判明すると、**ペナルティーとして「過少申告加算税」が科され**、正しい税額のうち、未納分に10％が加算されます。

経費である証拠をきちんと残すため、**領収書やレシートは必ずもらい、大切に保管しましょう**。

領収書がもらえなかったときや、仕事関係の人の冠婚葬祭《かんこんそうさい》に出席し、お祝いや香典《こうでん》などを渡したときは、出金伝票に記録しておくといいでしょう。

出金伝票は、文房具店や100円ショップなどで売っています。

そこに、日付や支払先、勘定科目（消耗品費、交通費、接待交際費など）、支払いの内容、金額を自分で書けば、それが証拠となります。

ちなみに、青色申告者の帳簿書類や領収書類は7年間保存することが義務づけられています。


経費をいつ、どのように整理するか、やり方は人それぞれです。

自分がどのくらい経費を使っているかを把握するためにも、確定申告前にあわてないためにも、本来は月ごとに、売上と経費をまとめるのが理想的です。

忙しくて、なかなかそこまで手が回らないという人は、**せめて領収書だけでも月ごとに整理しておくといいかもしれません**。

たとえば、クリアファイルや封筒を12枚用意して、それぞれに1月、2月……と書き、領収書を該当する月の封筒に入れるだけで、整理がかなりラクになります。

細かい作業が苦にならない人は、月ごと×勘定科目ごとに分ける方法もあります。

なお、２０１７年に「電子帳簿保存法」が改正され、事前に税務署に届け出をすれば、デジタルで領収書を管理することが可能になりました。

「紙の領収書だと、なくしそう」「７年間分の保存スペースがもったいない」という人は、デジタル保存を考えてもいいかもしれません。

また、帳簿や確定申告書類の作成については、会計ソフトなどを使って自分でやる人もいれば、税理士に任せてしまう人もいるでしょう。

税理士の料金は、依頼側の年商（1年間の売上）が５００万～１０００万円程度の場合、確定申告のときだけ依頼するなら10万円前後、顧問契約を結び、数か月に一度訪問してもらう場合で15万円前後というのが一般的な相場のようです。

・tax saving・

よい「経費」の使い方、悪い使い方

経費を使って課税所得を減らすという考えはアウト！

「税金を払いたくないから」と、必要のないものにまで経費を使う人がいますが、それで節税できる額はたかが知れています。

経費の使いすぎは、手持ちのお金をいたずらに減らすだけ。

月々いくらまで経費を使っていいかを計算し、できるだけその枠内におさめるようにしましょう。

答えは一つ！

経費こそ節約すべし。

経費を多く使って
所得を減らすのは逆効果。
節税対策としても弱い。

「経費」に関して、みなさんに気をつけていただきたいのが、「**経費という魔法の言葉に惑わされないでほしい**」ということです。

フリーランスの人のお話を聞いていると、「一見羽振りが良さそうなのに、実際にはあまりお金がない」というケースがよくあります。

売上はかなりの額に達しているのに、お金に困っていたり、まったく貯金ができていなかったりするのです。

そして、たいていの場合、その理由は「**経費がかかりすぎている**」点にあります。

みなさんの中には、「これは経費だから」と思いながら、たくさん買い物をしたり、高価なものを買ったりしてしまう人はいませんか？

あるいは、「**これ、経費で落ちるでしょ？**」と言われ、ついつい財布のひもを緩《ゆる》めてしまうことはありませんか？

たしかに、仕事に関係するものを購入し、領収書を受け取れば、確定申告の際にその分が経費として収入から引かれ、課税所得が減り、税金が減ります。

また、「これは仕事に必要なものだから」と思うと、「お金を使うこと」に対する罪悪感のようなものも減ります。


しかし、経費が1万円多くなれば（課税所得が1万円少なくなれば）、所得税は1000円ほど安くはなりますが、ただそれだけです。

「経費」であろうとなかろうと、お金を使うことに変わりはなく、使えば使っただけ、**手持ちのお金が減っていく**ことに変わりはありません。

私のところに相談に来られたフリーランスの方の中にも、お金の管理がきちんとできておらず、経費の割合が非常に高いためにお金がためられずにいる、いわゆる「経費貧乏」の人はたくさんいます。


たとえば、洋服のデザイナーをしている30代女性のAさんは、平均して月に70万円ほどの売上がありながら、貯金がまったくなく、確定申告の際に所得税を払うお金さえ不足しているとのことで、相談に来られました。

Aさんの1か月分の収支（107ページ参照）を見ると、仕事柄、多少は仕方がないことですが、**材料費や被服費などの経費がかかっている**ことがわかりました。

また、計算上は平均して毎月5万円ほど残るはずなのですが、多くお金が入ったときは、気が大きくなって高価なコートやバッグなどを買ってしまうクセがあり、買ったままほとんど使わなかった高価な洋服や小物類もたくさんあるそうです。

詳しくお話を聞くと、やはりAさんの場合も、仕事で必要なものはもちろん、個人的に「欲しい」と思った洋服やバッグ・小物についても、多少高くても「仕事のためだから」「経費だから」と自分を納得させて買っているとのことでした。

そこで私は、ひと月に使ってもいい経費の、おおよその金額の枠を決め、常に「これは本当に必要なのか？」を考えるようにしてください、とお願いしました。

Aさんに限らず、フリーランスの人が「経費貧乏」に陥るのを防ぐには、次の2

つが非常に重要です。

・月々、使っていい経費の金額（もしくは売上における割合）を決めておくこと。
・経費を使うときは、「経費だから」「仕事に必要だから」と何でもOKにするのではなく、常に「これは本当に必要なのか？」を考えるクセをつけること。

なお、使っていい経費の金額ですが、適正な経費率（売上に占める経費の割合）は業種によって異なります。

飲食業の人や小売業の人などは、材料や商品の仕入れがあるため、どうしても経費の割合が大きくなるでしょうし、ライターやデザイナーなど、仕入れの必要がない業種の人は、経費の割合が小さくなります。

経費率は、一般的には、「卸売業：90％」「小売業：80％」「製造業：70％」「飲食業：60％」「サービス業：50％」とされています。

仕入れが必要ない業種の場合は、毎月5～10％くらいという人もいるでしょうが、パソコンや参考資料費など、一時的に経費がかさむこともあると思います。

多くても、平均して月に40〜50％以内にとどめることが理想です。


ただ、単純に割合だけで考えると、現実に合わない部分も出てくるでしょうから、まずは、ＰＡＲＴ５でお話しするように事業用の口座とカードをつくり、１か月にどのくらい経費を使っているかを確認したうえで、ご自身の実際の収支バランスを考え合わせ、経費の枠をいくらぐらいにするのが妥当か考えてみましょう。


もちろん、あまり使わない月もあれば、予定外の出費がかさむ月もあるでしょう。

利益が出すぎた年には、少しでも節税をするため、いずれ買わなければならない必要なものを経費でまとめて買っておく、ということも起こるかもしれません。

毎月、必ずその枠内におさめるというのは難しいかもしれませんが、ある程度の枠組みを決め、それを意識することで、お金の使い方は変わってくるはずです。

Aさん（30代女性、独身、デザイナー）の収支（1か月分）

売上		70万円
経費		34万円
	材料費	15万円
	被服費	10万円
	交際費	4万円
	その他	5万円
家計費		31万円
	家賃	10万円
	食費	5万円
	固定費（通信費、生命保険料など）	3万円
	変動費（光熱費、医療費など）	2万円
	ペット関連費	3万円
	国民年金、国民健康保険	5万円
	住民税	3万円
月々の残金		5万円
現在の貯蓄		0万円

経費の見落としが招くトラブル

何か月か前に使った経費、
きちんと覚えていますか?

「A社の仕事で必要な経費を、先に貯金から持ち出したものの、数か月後にA社から入金があったときに、貯金に戻すのを忘れてしまう」というのは、フリーランスの人にありがちなミス。

しかしそれでは、いつまでたってもお金はたまりません。

忘れがちな経費の例

Aの仕事ギャラ	100万円
Aの経費①	15万円
Aの経費②	5万円

8月に、この2つの経費を戻せるか…

8月	7月	6月	5月	4月
100万円	貯金	貯金	貯金	貯金
入金!	480万円	485万円	485万円	500万円

経費②
5万円出金

経費①
15万円出金

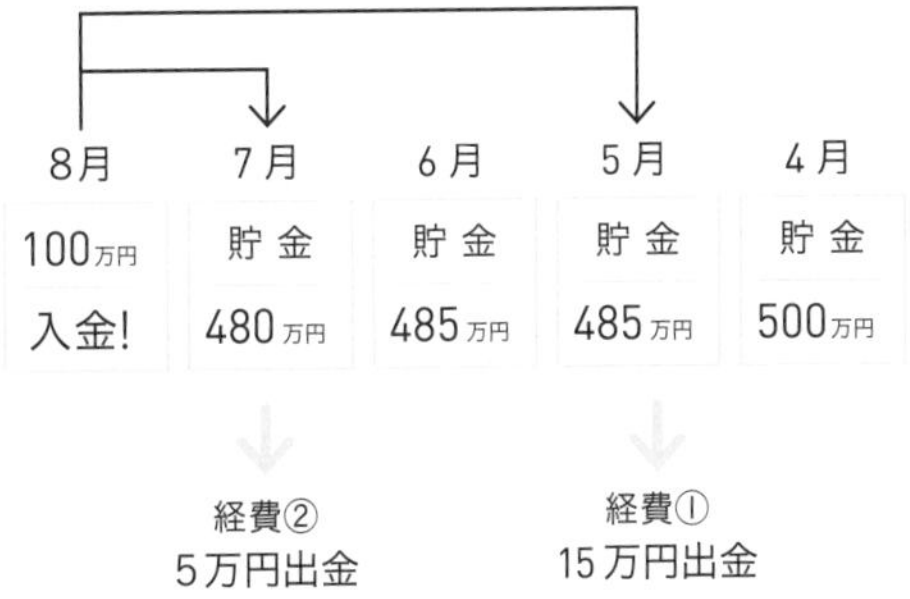

ここで、「いくら頑張っても貯金が増えない」という人がハマりがちな、もう一つの落とし穴についてもお話ししておきましょう。

たとえば、みなさんは次のような経験をしたことがありませんか？

①毎月せっせと貯金して、ようやく500万円たまった。

②ある仕事の経費として、前もって20万円の支出が必要になり、手持ちのお金に余裕がなかったため、貯金から20万円を持ち出した。

③数か月後、その仕事で100万円の入金があったが、以前貯金から引き出した20万円を戻すことはなく、100万円は生活費や別の仕事の経費などに消えた。

貯金に20万円を戻さなかった理由は、「貯金から持ち出したことを忘れていた」「いずれにせよ、自分のお金だから、別に戻さなくてもいいやと思った」など、いろいろと考えられますが、これでは、貯金は目減りする一方です。

また、こうしたケースで陥《おちい》りやすいのは、貯金からの持ち出しを考えから外し、100万円の入金を「その月の売上」ととらえてしまうという「錯覚」です。

そうなると、たとえばその月に10万円の支出（経費）があった場合、ついつい、

100万円（売上）－10万円（その月にかかった経費）＝90万円（手取り）

などと考えてしまいがちですが、実際の手取りは次の通りです。

100万円－10万円－20万円（数か月前に貯金から持ち出した経費）＝70万円

最終的に、確定申告時など事業の収支を出す際に「貯金から20万円借りていた」と気づくことが多いのですが、そうなる前に、「自分からの借入金」として帳簿に残しておくなり、メモを残すなりして、売上の状況を見ながら、すみやかに、持ち出した分を貯金に戻すようにしましょう。

. tax saving .

青色申告なら、10万円以上の資産も一気に経費にできる

高い買い物をしたら、この制度を思い出そう

購入価額が10万円以上のパソコンや機械などは、通常は減《げん》価《か》償《しょう》却《きゃく》資産として、定められた耐用年数に応じて、購入価額を分割して計上する必要があります。

しかし、青色申告者には「少額減価償却資産の特例」が認められており、30万円未満の資産を購入した場合、一括して経費に計上できます。

20万円のパソコン（耐用年数4年）を買った場合、青色申告だと…

買った年に、20万円を一気に経費計上できる。

20万円のパソコン（耐用年数4年）を買った場合、白色申告だと…

買った年は、最大5万円しか経費計上できない。

これまで何度かお伝えしてきたように、青色申告には、

①10万円、55万円、65万円の、いずれかの青色申告特別控除が受けられる。
②家族への給与が、全額必要経費として認められる。
③30万円未満の少額減価償却資産を、一括して経費に計上できる。
④赤字を3年間繰り越すことができる。

といった「特典」があります。

①についてはPART2で説明し、②については164ページ以降で詳しく説明しますが、ここでは③の「30万円未満の少額減価償却資産を、一括して経費に計上できる」についてお話ししましょう。

青色申告者には「少額減価償却資産の特例」も認められており、一つにつき30万円未満の少額減価償却資産を購入した場合、一括して経費に計上できます（対象と

なるのは、年間３００万円まで）。

業務に必要なものを購入し、確定申告で経費として申告する際、10万円以上の額だと、通常は「減価償却資産」として処理することになり、定められた耐用年数に応じて、購入価額を分割して計上することになります。

たとえば、20万円のパソコンを業務用に購入した場合、通常であれば、パソコンの耐用年数は４年であり、その年は最大５万円までしか経費にできません。

ところが、「少額減価償却資産の特例」を適用すれば、20万円を一気に経費計上できるのです。

「その年の利益が大きくなったので、税金が高額にならないよう、年末に必要なものを買って経費を使い、課税所得を減らしたい」という場合には、特に有効だといえるでしょう。

ついでに、④の「赤字を3年間繰り越すことができる」についてもお話ししておきましょう。

青色申告者は、純損失、つまり**赤字を3年間繰り越すことができます**。

ある年に大きな損失が出て、翌年に大きな利益が出た場合、前年の赤字を翌年に繰り越し、課税所得を減らすことができるのです。

逆に、ある年に大きな利益が出て、翌年に大きな損失が出た場合には、翌年の赤字を前年に繰り戻し、前年払いすぎた所得税を返してもらうこともできます。


たとえば、あなたがフリーランスとして仕事を始め、1年目に200万円、2年目に100万円の赤字が出たものの、3~5年目に100万円ずつ利益が出たとしましょう。

その場合、1年目の赤字を3年目と4年目に、2年目の赤字を5年目に繰り越せば、所得が相殺《そうさい》されて0円となるため、所得税を払う必要がなくなるのです。

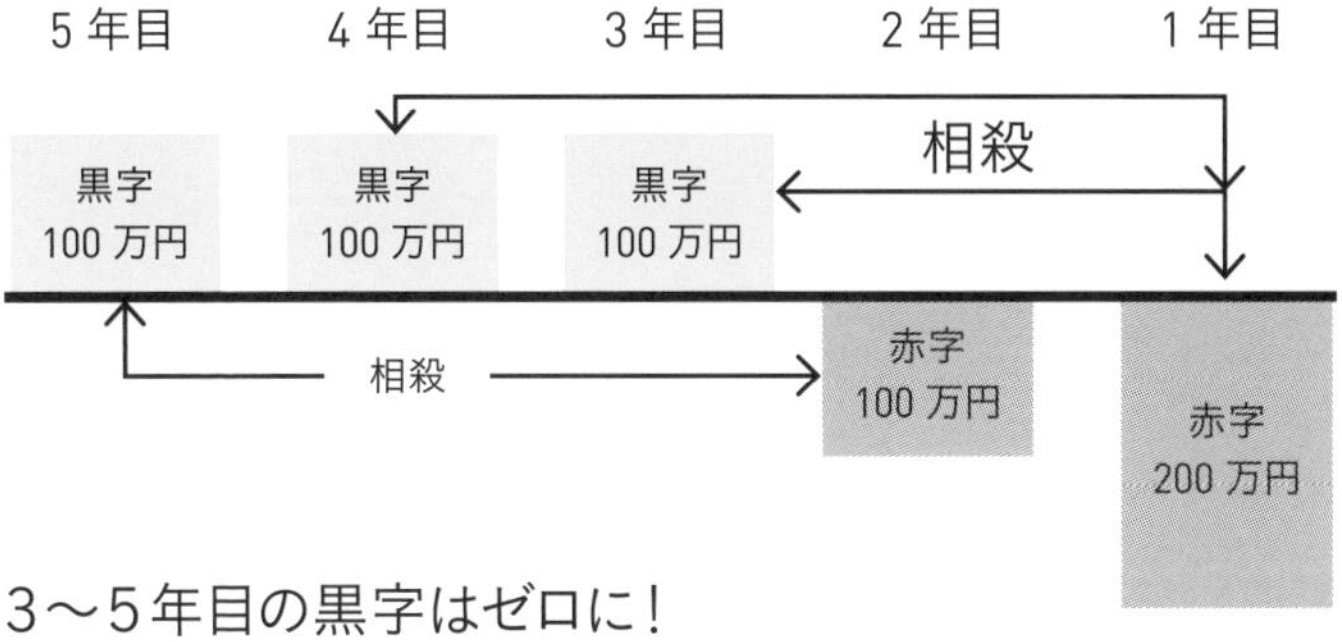
5年目
4年目
3年目
2年目
1年目
相殺
黒字 100万円
黒字 100万円
黒字 100万円
赤字 100万円
赤字 200万円
相殺

3～5年目の黒字はゼロに！

PART 4

控除

この章で学べること

1 所得控除とは何か？　どんな種類があるか？

2 小規模企業共済とは何か？

3 小規模企業共済の加入方法や利用方法、お金の受け取り方

4 iDeCoとは何か？

5 税額控除とは何か？

6 青色事業専従者とは何か？

控除について学ぼう

所得控除

　控除とは「一定の金額を差し引く」こと。所得控除とは、所得からさまざまな金額を差し引く制度のことであり、個人の経済的事情を税金の計算に反映させ、税の負担を公平にしようという考えに基づき、設けられている。

　なお、所得控除には、税金が安くなるだけの「単なる控除」と、税金が安くなり、かつ将来（老後）の資産をつくることができる「将来につながる控除」がある。

　フリーランスの人に特に関係する所得控除には、以下のものがある（ここでは、2021年4月時点の所得税における控除額のみ記載。また、基礎控除、生命保険料控除などは、住民税の所得割部分における控除額が異なる）。

控除で課税所得を減らす。
これが節税の基本です

控除にはさまざまな種類がありますが、
青色申告特別控除65万円、小規模企業共済等控除など
複数の控除を組み合わせることで、
効果的に課税所得（税金がかかる金額）を
減らすことができます。
自分が使える控除を
すべてチェックしましょう。

単なる控除

・基礎控除

かつては所得がある人すべてに適用され、控除額は一律38万円だったが、2020年以降、年間の合計所得金額が2500万円以下の人のみ、所得金額に応じて16万～48万円が控除されることになった。

・配偶者控除

納税者の年間の合計所得金額が1000万円以下で、生計を一にする配偶者の合計所得金額が48万円以下の場合、納税者の合計所得金額、配偶者の年齢に応じて13万～48万円が控除される。

・配偶者特別控除

納税者の年間の合計所得金額が1000万円以下で、生計を一にする配偶者の合計所得金額が48万円超133万円以下の場合、納税者および配偶者の合計所得金額に応じて1万～38万円が控除される。

・扶養控除

親族を扶養している場合、扶養親族の年齢、同居の有無に応じて38万～63万円が控除される。

・ひとり親控除

納税者の年間の合計所得金額が500万円以下で、配偶者がおらず、生計を一にする子どもがいる場合、35万円が控除される。

・生命保険料控除

一般の生命保険、介護医療保険、個人年金保険などの保険料について、一契約当たり最高4万～5万円、合計で最高12万円まで控除される。

・地震保険料控除

地震保険について、最高で5万円が控除される。

・医療費控除

納税者本人または生計を一にする配偶者その他の親族のために払った1年間の医療費の額が10万円以上だった場合、10万円を超えた分が最高で200万円まで控除される。

・障害者控除

納税者本人または生計を一にする配偶者、扶養親族などに障害がある場合、27万～75万円が控除される。

・寄附金控除

国や地方公共団体、特定公益増進法人などに寄附金を払った場合、「その年に払った寄附金の合計額」「その年の総所得金額等の40%相当額」のどちらか低い方から2000円を引いた額が控除される。ふるさと納税も寄附金控除に含まれる。

・雑損控除

災害、盗難、横領などによって、納税者本人または生計を一にする配偶者その他親族の住宅や家財が損害を受けた場合、一定額が控除される。

将来につながる控除

・社会保険料控除

納税者本人または生計を一にする配偶者その他の親族のために健康保険料、年金保険料、介護保険料などを払った場合、保険料の全額が控除される。

・小規模企業共済等掛金控除

個人型確定拠出年金（iDeCo）や小規模企業共済に加入している場合、掛金の全額が控除される。

特におすすめなのが iDeCoと小規模企業共済

詳しくは後述しますが、フリーランスの方にとって、
iDeCoと小規模企業共済は強い味方です。
課税所得を減らし、節税効果があるうえ、
将来への備えとなる仕組み。
この2つをどう使うかは、非常に大きな
分かれ目ですので、しっかり学びましょう。

・tax saving・

個人事業主をバックアップする控除制度とは何か？

税法が定める範囲で自分や家族のために節税を

所得から「配偶者控除」「生命保険料控除」「寄附金控除」など、さまざまな金額が差し引かれる「所得控除」。

これによって、税金が課される金額を減らし、所得税や、住民税の所得割部分の金額をおさえることができます。

どのような所得控除があるかを知り、そのメリットを最大限に活かすこと。それが、節税の第一歩！

これまで何度かお伝えしてきたように、所得税や住民税は、売上（事業によって得たお金）にかかるわけでも、所得（売上から、事業に必要な費用＝経費を差し引いたもの）にかかるわけでもありません。

所得から「所得控除」を差し引いた金額にかかります。

その、税金が課される最終的な金額を「課税所得」といいます。

控除とは、「一定の金額を差し引く」という意味であり、**所得控除とは、所得からさまざまな金額を差し引く制度のこと**です。

121〜123ページで紹介したように、所得控除には「配偶者控除」「雑損控除」「寄附金控除」など、さまざまな種類があります。

所得控除は、「結婚している」「扶養家族がいる」「災害に遭《あ》った」「寄附をした」といった、個人の経済的な事情を税金の計算に反映させ、税の負担を公平にしようという考えに基づき、設けられたものなのです。

なお、**所得控除には、税金が安くなるだけの「単なる控除」と、税金が安くなり、かつ将来への備えにもつながる「将来につながる控除」**があります。

将来につながる控除としてまず挙げられるのが、「小規模企業共済等控除」です。これは、130ページ以降で紹介する小規模企業共済や、148ページ以降で紹介する個人型確定拠出年金（iDeCo）に加入していれば、掛金全額が控除できるというものです。

小規模企業共済は、フリーランスの人が働いている間にお金を積み立て、将来の退職金を自分で用意する制度であり、iDeCoは、掛金を自分自身で運用しながら積み立てていき、60歳以降に年金（もしくは一時金）として受け取る制度です。

小規模企業共済の掛金の上限は月7万円、iDeCoの掛金の上限は月6万8000円ですから、小規模企業共済は年に最大84万円、iDeCoは年に最大81万6000円ものお金を所得から差し引くことができます。
フリーランスの人にとって、心強い味方だといえるでしょう。

将来につながる控除としてはもう一つ、「社会保険料控除」も挙げられます。
これは、納税者本人または生計を一にする配偶者その他の親族のために健康保険料、年金保険料、介護保険料などを払った場合、保険料の全額が控除されるというものですが、PART5で紹介する付加年金や国民年金基金の保険料も控除されます。

付加年金は、国民年金の保険料に、月400円の付加保険料を追加で納めることで、毎年、「200円×付加保険料納付月数」の金額を上乗せした年金を受け取ることができる制度であり、国民年金基金は、フリーランスの人などが国民年金（老齢基礎年金）に上乗せして加入できる公的な年金制度で、掛金の上限は月6万8000円です（ただし、iDeCoと付加年金、またはiDeCoと国民年金基金に同時に加入している場合は、掛金の合計額の上限が6万8000円となります）。

「単なる控除」に関しては、自分に当てはまるものがあるかどうかを確認し、しっかりと控除を受けることが節税につながりますが、**「将来につながる控除」に関しては、小規模企業共済やiDeCo、あるいは付加年金や国民年金基金に加入さえすれば、誰でも多額の所得控除を受けることができます。**

しかも、節税しつつ老後のための資産形成ができるわけですから、利用しない手はありません。

小規模企業共済やiDeCoについては、次ページ以降で詳しく説明しますので、まだ加入していないという人は、ぜひ検討してみてください。

・tax saving・

小規模企業共済で、節税しながら退職金をつくろう

年間最大84万円も控除！
しかも退職金になる素晴らしい制度

　小規模企業共済は、現役の間に自分で退職金を積み立てる制度。
　掛金が全額、所得から控除されるため、節税効果も高く、青色申告と組み合わせると、最大で約150万円分も課税所得を減らすことができます。
　利用しない手はありません！

**課税所得 400 万円の人が、
青色申告（控除額 65 万円）と
小規模企業共済（控除額 84 万円）を
利用すると…**

**所得税と住民税の合計額は
約 40 万円。**

**課税所得 400 万円の人が、
白色申告をすると…**

**所得税と住民税の合計額は
約 78 万円。**

青色申告とセットで、ぜひフリーランスの人に利用していただきたいのが、「小規模企業共済」という制度です。

おそらくみなさんの中には、「**小規模企業共済**」という言葉を、今初めて聞いた人もいるでしょう。

ご存じない人のために簡単に説明しておくと、小規模企業共済とは、中小企業基盤整備機構という独立行政法人が提供する共済制度で、退職金の出ない個人事業主や小規模な企業の経営者・役員などが、働いている間に自分で決めた額を積み立てていき、事業を廃止したり65歳以上になったりした際に、積み立てた掛金に応じた共済金を受け取ることができるというものです。

そのため、個人事業主が、この制度を利用して、現役の間に自分の退職金を用意したり、起業家や中小企業の経営者が、自社で退職金制度を整備する代わりに、この制度を利用したりしています。

さて、そんな小規模企業共済には、２つの大きなメリットがあります。

それは、

①掛金が丸ごと所得から控除される。

②掛金の納付期間が長ければ長いほど、受け取るお金が増える。

というものです。

つまり、小規模企業共済に加入すると、

のです。

節税しながら、自分の退職金（老後のための資金）を用意することができる

では、それぞれのメリットについて、もう少し詳しくお話ししましょう。

まず一つ目のメリットですが、小規模企業共済は月額1000～7万円の範囲内で掛金を設定でき、掛金は全額経費として認められ、所得から控除されます。

つまり、年に最大84万円、課税所得を減らすことができ、所得税や住民税の節税になるのです。

この制度自体は白色でも利用できるのですが、青色申告と小規模企業共済を組み

合わせることで、たとえば所得400万円の人なら、課税所得を約250万円に減らし、36万8000円分も節税することができます（137ページ参照）。

課税所得を減らすと、所得税率が下がることがありますが、その場合は、より大きな節税効果を生みます。

また、小規模企業共済の掛金は、途中で掛金の額を変更することもできますし、1年分の掛金を一括で払うこともできますから、

1年の収支がある程度見えた段階で、利益が多く出た年は掛金を多めにして節税し、利益が少なかった年は掛金を少なめにして、現金を手元に多く残すということも可能です。

青色申告と小規模企業共済の組み合わせは、毎年まとまった額の節税をしながら、自分の退職金を用意することができる、フリーランスの人にとっては、このうえなく心強い味方だといえます。

最後に、課税所得ごと、掛金月額ごとの節税額を表にまとめておきますので、参考にしてみてください（こちらは復興特別所得税、住民税の均等割分も含めてあります）。

課税所得ごと、掛金月額ごとの年間節税額

課税所得	掛金月額			
	1万円	3万円	5万円	7万円
200万円	2万700円	5万6900円	9万3200円	12万9400円
400万円	3万6500円	10万9500円	18万2500円	24万1300円
600万円	3万6500円	10万9500円	18万2500円	25万5600円
800万円	4万100円	12万500円	20万900円	28万1200円
1000万円	5万2400円	15万7300円	26万2200円	36万7000円

小規模企業共済の掛金を満額（84 万円分）支払った場合

◎所得 400 万円の人

	課税所得	所得税	住民税
青色申告（控除額 65 万円）だと…	251 万円	15 万 3500 円	25 万 1000 円

トータルで節税できた額は 36 万 8000 円

◎所得 600 万円の人

	課税所得	所得税	住民税
青色申告（控除額 65 万円）だと…	451 万円	47 万 4500 円	45 万 1000 円

トータルで節税できた額は 44 万 7000 円

◎所得 800 万円の人

	課税所得	所得税	住民税
青色申告（控除額 65 万円）だと…	651 万円	87 万 4500 円	65 万 1000 円

トータルで節税できた額は 47 万 8500 円

注：復興特別所得税、住民税の均等割分は含めずに計算。

・tax saving・

小規模企業共済の受け取り方・利用方法を解説！

長く積み立てるほどお得。
月々少額からでもいいのでスタート

　掛金を払う期間が長ければ長いほど、受け取れる金額が大きくなるのが、小規模企業共済のすごいところ。
　たとえば、月々7万円の掛金を20年間払い続ければ、受け取れる金額は約1950万円に！
　しかも廃業時だけでなく、「いざというとき」にお金を受け取ることも可能です。

小規模企業共済の掛金月々７万円を
５年間払い続けると…

420 万円の掛金が
約 435 万円（約 104% 増）に！

小規模企業共済の掛金月々７万円を
20 年間払い続けると…

1680 万円の掛金が
約 1950 万円（約 116% 増）に！

続いて、小規模企業共済のほかのメリットについてもお話ししましょう。

すでにお伝えした通り、小規模企業共済に加入すると、月額1000〜7万円の範囲内で掛金を払いますが、掛金はそのまま積み立てられていきます。

月々7万円、年間84万円の掛金を払い続ければ、10年後には支払った掛金の総額は840万円、20年後には1680万円になり、一定期間以上掛金を納付していれば、事業を廃業したときや、65歳になったときには、支払った掛金以上のお金（共済金）を受け取ることができます。

なお、**小規模企業共済の共済金の受け取り方**には、

・個人事業を廃業したときや契約者本人が死亡したとき、配偶者や子どもに事業の全部を譲渡したときに受け取る共済金A
・65歳以上になったときに受け取る共済金B

・個人事業主が法人化し、加入資格がなくなって解約するときに受け取る準共済金
・何らかの事情により、自己都合で解約するときに受け取る解約手当金

の4つのケースがありますが、ここでは特に共済金A、Bにしぼって、話を進めましょう（なお、加入後20年経過しないうちに自己都合で解約した場合、受け取る解約手当金の金額は、掛金以下となります）。

たとえば掛金月額1万円または7万円を払い続けたとすると、最終的に受け取れる共済金A、Bの額は、147ページの表の通りとなります。

共済金A、Bの場合は、掛金納付月数が6か月未満だと、払った掛金は掛け捨てとなり、1円も共済金を受け取ることができませんが、6か月を過ぎていれば、基本的に払った掛金全額が戻ります。

さらに36か月（３年）を過ぎていると、払った掛金と同額以上の共済金を受け取ることができ、７万円の掛金を払い続け、共済金Ａで受け取った場合は、５年で、４２０万円の掛金が約４３５万円（約１０４％増）に、20年で、１６８０万円の掛金が約１９５０万円（約１１６％増）になります。

つまり、

加入年月が長ければ長いほど、受け取れる共済金の額が大きくなるのです。

しかも、これはあくまでも、基本共済金（固定額）です。

毎年度の運用収入などに応じて、経済産業省が毎年度定める率により算定される付加共済金がある場合は、その金額が加算されます。

掛金は500円単位で自由に設定することができますし、途中で掛金の額を変えることもできますから、

まだ入っていない人は、まずは月々1000円ずつでもいいので、一日でも早く小規模企業共済の掛金を払い始めましょう。

ちなみに、将来受け取る共済金は、個人事業主であれば退職所得にあたるため、退職所得控除が使え、事業所得などに比べて、税金がはるかに安くなります。

事業所得であれば、売上から経費などを引いた分が課税所得になりますが、退職所得の場合、退職所得控除を引いた額の「半分」が課税所得となるからです。

このように、小規模企業共済には、掛金を積み立てる際にも、共済金を受け取る

際にも、節税メリットがあります。

ところで、小規模企業共済は、そもそもが「現役の間に**自分の退職金**を用意する」という制度であるため、なんとなく「年をとってからじゃないと、共済金を受け取れないのではないか」と思っている人がいるかもしれませんが、そんなことはありません。

病気やケガなどで働けなくなったときや、仕事の数が減り、いったんフリーランスをやめようと思ったときなども、事業廃止届を出せば、共済金Aと同じ条件で、お金を受け取ることができます。

つまり、小規模企業共済の掛金は「いざというときのための資金」にもなってくれるわけです。

ほかにも、小規模企業共済には「**契約者貸付制度**」があり、資金繰りに困った際、積み立てている金額の範囲内で、共済からお金を借りることもできます。

たとえば、月々1万円ずつ10年間積み立てていれば120万円まで、月々3万円ずつ10年間積み立てていれば360万円まで、借り入れることができるのです。

「早期に解約すると、元本割れしてしまう」「インフレに対応していない」といったデメリットはあるものの、このように、小規模企業共済は、フリーランスの人にとって、**二重三重に役に立つ制度**です。

入らないという選択肢《し》はない、といえるでしょう。


小規模企業共済に加入する際は、「契約申込書」「預金口座振替申出書」を入手し、記入して、中小機構が業務委託契約を結んでいる団体または金融機関の窓口に、初回の掛金と共に提出します。

すると、約40日後に、中小機構から『小規模企業共済手帳』と『小規模企業共済制度加入者のしおり及び約款』が送られてきます。

「契約申込書」「預金口座振替申出書」は、コールセンター（050－5541－7171、平日午前9時～午後6時）に連絡するか、小規模企業共済のホームページ（https://www.smrj.go.jp/kyosai/skyosai/）の「資料請求フォーム」から請求することができます。

すぐにでも書類を取り寄せ、無理のない金額で始めてみましょう。

掛金納付年数と受け取れる共済金の額（掛金月額１万円で加入した場合）

掛金納付年数	5 年	10 年	15 年	20 年
掛金合計額	60 万円	120 万円	180 万円	240 万円
共済金 A	約 62 万円	約 129 万円	約 201 万円	約 279 万円
共済金 B	約 61 万円	約 126 万円	約 194 万円	約 266 万円

掛金納付年数と受け取れる共済金の額（掛金月額７万円で加入した場合）

掛金納付年数	5 年	10 年	15 年	20 年
掛金合計額	420 万円	840 万円	1260 万円	1680 万円
共済金 A	約 435 万円	約 903 万円	約 1407 万円	約 1950 万円
共済金 B	約 430 万円	約 883 万円	約 1358 万円	約 1861 万円

注：いずれも、2016 年 4 月 1 日現在の法令に基づく試算。税引き前の金額。

tax saving

iDeCoで節税しながら老後の資産を形成できる！

iDeCoは、国が用意した新しい投資制度です

小規模企業共済同様、個人型確定拠出年金「iDeCo《イデコ》」も、掛金が全額所得控除されます。

原則60歳まで解約できないという縛りはあるものの、運用次第では大きな資産を形成できる可能性があり、余裕があれば、ぜひ利用したい制度です。

課税所得500万円の人が、iDeCoの掛金月々6万8000円を払うと…

1年あたりの節税額は24万4800円！

課税所得500万円の人が、iDeCoの掛金月々6万8000円を20年間払うと…

トータルの節税額は489万6000円！

小規模企業共済と並び、もう一つみなさんに知っておいていただきたい制度が、個人型確定拠出年金「ｉＤｅＣｏ《イデコ》」です。

確定拠出年金とは「毎月決まった額の掛金を積み立て、それをどのように運用するかを自分で決め、自分の老後の資金をつくる」という私的年金制度で、将来どのくらいの年金が受け取れるかは、運用結果によって変わります。

確定拠出年金には「企業型」と「個人型」があります。

掛金を企業が拠出し、加入者（社員）が運用する商品を決めるのが企業型、掛金を全額加入者が自己負担するのが個人型です。

個人型はそもそも、フリーランスの人や企業年金制度（企業型確定拠出年金を含む）がない企業の社員の加入を目的としたものでしたが、２０１７年1月から利用対象範囲が拡大され、主婦（主夫）、公務員、企業年金制度がある企業の社員（企業の規約で、個人型への加入が認められていない場合等は不可）など、実質的には20〜60歳であれば誰でも利用できるようになり、それと同時に「iDeCo」という愛称がつけられました。

iDeCoの最大のメリットは、「節税しながら、将来のための資金をつくることができる」点にあり、次のように、3段階で税制優遇されます。

①掛金が全額所得控除される。
②運用で得た利益は、運用期間中は非課税である。
③運用期間終了後、一括でお金を受け取れば、「退職金控除」が適用され、年金形式で受け取る場合は、「公的年金雑所得控除」が適用される。

このうち、②や③で得られるメリットの大きさは、運用結果やお金の受け取り方によって変わりますが、実は①だけでも大変おトクです。

156ページの表は、フリーランスの人が、年間の投資可能額の上限いっぱい（81万6000円）まで iDeCoの掛金を支払った場合、それが全額所得控除されることで、年間の税金がどれだけ安くなるかを示したものです。

たとえば、課税所得330万円超〜695万円以下を見ると、掛金が全額所得控除されるだけで、年間約24万4800円、20年間で約490万円の節税となることがわかります。

しかも運用成績によっては、老後に大きな資産を形成することができます。

iDeCoは、「国民一人ひとりが節税をしながら、効率よく老後の資金をつくることができるように」と国が用意した、おトクで新しい投資制度なのです。

ただ、「老後の資産形成のため」という目的でつくられただけに、iDeCoは原則60歳まで解約する（お金を引き出す）ことができません。

しかも、60歳以降70歳までの間で、いつでも好きなときに引き出せるのは、ｉＤｅＣｏに通算で10年以上加入している人だけです（２０２１年4月現在）。10年未満の場合は、１５７ページの表のように、受給開始可能年齢が加入期間に応じて繰り下がっていきますから、注意が必要です。

また、投資は時間をかければかけるほど、複利効果でメリットが大きくなります。ある程度の年齢に達した方がｉＤｅＣｏを始めた場合、運用期間が短くなるため、運用ではあまりメリットを享受できない可能性があります。

なお、60歳以降に積み立てたｉＤｅＣｏを受け取るときには、税金がかかります。ｉＤｅＣｏの受け取り方としては、

・退職金と一緒に一時金として受け取る。
・退職金と時期をずらして、一時金として受け取る。

・年金で受け取る。
・年金と一時金を併用する。

などのパターンがありますが、受け取り方によって税金の額が大きく変わる可能性がありますし、「どの受け取り方が一番おトクなのか」は人によって異なります。税制も頻繁《ひんぱん》に変わりますから、iDeCoを受け取る年齢になったら、「どのような受け取り方が一番よいか」を専門家に相談してみるとよいかもしれません。

以上、「掛金が全額控除され、節税をしながら老後のための資産をつくることができる」iDeCoの制度について、簡単にお話ししてきました。

しかし、「節税になるから」「将来の資産が増えるから」といって、小規模企業共済にもiDeCoにも月々、多額の掛金を払い込み、「今、必要なお金が足りない」という状態になってしまっては、本末転倒です。

小規模企業共済は月々1000円から、iDeCoは月々5000円から掛金を設定することが可能ですから、くれぐれも無理のない範囲で利用しましょう。

ちなみに、iDeCoでは、

「楽天・全世界株式インデックス・ファンド」（楽天VT）

という投資信託を買うことをおすすめします。

楽天VTについては、274ページ以降で詳しくお話しします。

PART7でご紹介するつみたてNISAでも楽天VTを買うことをおすすめしていますが、どちらの制度を利用するか、あるいは両方を併用するかは、ご自身の経済状態や価値観、ライフプランに合わせて考えましょう。

年間掛金81万6000円の場合の節税額

課税所得	税率		年間掛金		
	所得税	住民税	14万4000円の場合	27万6000円の場合	81万6000円の場合
195万円以下	5%	10%	2万1600円	4万1400円	12万2400円
195万円超え～330万円以下	10%		2万8800円	5万5200円	16万3200円
330万円超え～695万円以下	20%		4万3200円	8万2800円	24万4800円
695万円超え～900万円以下	23%		4万7520円	9万1080円	26万9280円
900万円超え～1800万円以下	33%		6万1920円	11万8680円	35万880円
1800万円超え～4000万円以下	40%		7万2000円	13万8000円	40万8000円
4000万円超え～	45%		7万9200円	15万1800円	44万8800円

加入期間と受給開始年齢（2021年4月現在）

加入期間	受給開始可能年齢
10年以上	60歳
8年以上 10年未満	61歳
6年以上　8年未満	62歳
4年以上　6年未満	63歳
2年以上　4年未満	64歳
1年以上　2年未満	65歳

知っておくと得をする？その他の控除

ふるさと納税、住宅借入金等特別控除などでもっと節税を

控除をうまく利用して税金を安くする方法は、ほかにもあります。

知っておくといいのが、「税額控除」という制度。所得控除は、税金がかかる所得から一定の額を差し引く制度ですが、税額控除は、所得税自体から一定の額を差し引く制度なので、節税効果が大きいのです。

特に、住宅をローンで買った人は、住宅借入金等特別控除が使えるかどうか確認してみましょう。

所得控除以外にも
利用できる控除がある。
住宅をローンで
新築・購入・増改築した人は、
必ず住宅借入金等特別控除の
適用条件を確認すべし！
場合によっては、
所得税が数十万円も安くなる！

ふるさと納税は、故郷や、旅行で行って気に入った町、災害で困っている町など、応援したい自治体に寄附をすると、寄附した金額から自己負担の2000円を除いた金額の寄附金控除が受けられて、**所得税や住民税が安くなり、さらに返礼品として、その土地の特産品がもらえる**というものです。

控除額には上限があり、節税効果はさほど高いわけではありませんが、納税する自治体を選ぶことができ、返礼品がもらえるというのは魅力的です。

青色申告をきちんとやったうえで、お金や時間に余裕のある人は、節税目的というよりは寄附目的、返礼品を楽しむ目的で利用するといいでしょう。

さて、ここまでは所得控除についてお話ししてきましたが、税金が安くなる制度としては、ほかに「税額控除」があります。

所得から一定額を差し引き、課税所得を小さくする所得控除とは異なり、税額控除は、**最終的に計算された所得税額から直接控除額が差し引かれるため、所得控除**

よりも節税効果が大きくなります。

税額控除にもいくつかの種類がありますが、特に恩恵を受ける人が多いのは、住宅借入金等特別控除かもしれません。

住宅借入金等特別控除は、個人が住宅ローンを組んでマイホームを新築・購入・増改築し、かつ以下のような条件を満たす場合に受けることができます（２０２１年4月現在。ほかにも細かい条件や注意事項がありますので、気になる方は国税庁のホームページをご覧ください）。

①新築または購入してから6か月以内に住むこと。
②特別控除を受ける都市の合計所得金額が３０００万円以下であること。
③新築または購入した住宅の床面積が50㎡以上であり、床面積の２分の１以上が本人の居住用であること。
④ローン返済期間が10年以上であること。

⑤ある一定の期間中、それまでに住んでいた家屋などを譲渡した際に、長期譲渡所得の課税の特例などの適用を受けていないこと。

住宅借入金等特別控除は、基本的には住宅ローンなどの年末残高の合計額をもとに計算され、**所得税が最大で40万円、安くなります**。

また、配当控除の恩恵を受ける人もいるでしょう。

配当控除は、剰余金の配当、利益の配当、剰余金の分配、金銭の分配、証券投資信託の収益の分配などで、確定申告において総合課税の適用を受けた配当所得に適用されます。

控除額の計算式は課税所得の額によって変わるのですが、たとえば課税所得が1000万円以下の人の場合、

・剰余金の配当などによる配当所得の10％

・証券投資信託の収益の分配による配当所得の5％の合計額が、所得税から控除されます。

もう一つ、知っておくと役に立つかもしれないのが、「災害減免額」です。

これは、自然災害や火災などにより、住宅や家財に損害を受けた人で、「損害金額（保険金などで補てんされる額を除く）が、その時価の2分の1以上である」「災害に遭った年の所得金額の合計額が1000万円以下である」「その災害による損失額について雑損控除の適用を受けない」という条件に当てはまるとき、**所得税が4分の1～2分の1に軽減されるか、100％免除されます。**

あまり考えたくないことではありますが、万が一災害に遭った場合は、適用条件を必ず確認しましょう。

・tax saving・

同居の家族がいるなら、青色事業専従者に

最大100万円の控除に。所得税などがどんどん安くなる!

たとえば、青色申告者が同居している家族を「青色事業専従者」にして給料を払うと、それは全額経費として認められ、所得から控除できます。

白色の場合も同様の制度はありますが、年間50万円もしくは86万円までしか経費として認められません。

青色申告の人が、
妻に年間100万円の給料を払うと…

100万円全額経費として認められる。

白色申告の人が、
妻に年間100万円の給料を払うと…

86万円分しか経費として認められない。

これまで、主に所得控除および税額控除についてお話ししてきましたが、ほかに、青色申告を行った人だけが享受できる控除もあります。

繰り返しになりますが、青色申告には、

①10万円、55万円、65万円の、いずれかの青色申告特別控除が受けられる。
②家族への給与が、全額必要経費として認められる。
③30万円未満の少額減価償却資産を、一括して経費に計上できる。
④赤字を3年間繰り越すことができる。

といった「特典」があります。

①も青色申告を行った人だけが享受できる大きな控除ですが、ここでは②の「**家族への給与が、全額必要経費として認められる**」について、簡単に説明しましょう。

これは、夫や妻、子ども、親など、生計を共にする家族に仕事を手伝ってもらった場合、青色申告者なら、家族への給料（青色事業専従者給与）を全額経費とすることができるというものです。

たとえば、夫がフリーランスで、年に400万円の所得があったとします。もし妻にアシスタント（青色事業専従者）を頼み、100万円の給料を支払ったとすると、その分が全額経費として認められるため、**課税所得は300万円に減り、**所得税や住民税、国民健康保険料などが安くなります。

ただ、青色事業専従者になるためには、次のような条件を満たす必要があります。

・生計を一にする配偶者や親族であること。
・その年で6か月を超えて、事業に従事していること（例外あり）。

・その年の12月31日で15歳以上であること（学生は不可）。
・給料が仕事内容に対し、適正な金額であること。
・「青色事業専従者給与に関する届出書」を提出していること。

事業に従事している日数が少なすぎたり、仕事の内容に対して給料が高すぎたりすると、認められないおそれもあります。

また、配偶者や扶養家族を青色事業専従者にした場合には、配偶者控除や扶養控除が受けられなくなりますし、支払う給料の額が大きくなれば、青色事業専従者となった家族に、給料に対する所得税や住民税、社会保険料などが発生します。

ですから、給料の額をいくらぐらいにすれば一番節税効果が高いのか、きちんと計算する必要がありますが、そうした点に気をつければ、

家族を青色事業専従者にすることによって得られる節税メリットは、かなり大きい

といえます。

なお、白色申告にも事業専従者控除はありますが、控除額は、配偶者は86万円まで、親族は50万円までとされています。

その額を超える給料を支払う場合には、青色申告の方が有利なのです。

PART 5

年金・保険

この章で学べること

1 国民年金はどれほどおトクな制度か?

2 付加年金、国民年金基金とは何か?

3 国民健康保険はどれほど大事か?

4 高額療養費支給制度とは何か?

5 国民健康保険組合とは何か?

6 生命保険や学資保険への加入は必要か?

年金

年金とは、毎年定期的・継続的に給付されるお金のことであり、それを保障する仕組みを年金制度という。

日本の年金は、国民全員が加入する国民年金（1階）、会社員など被雇用者が加入する厚生年金（2階）、確定拠出年金（企業型／個人型）、厚生年金基金など、任意で加入できる年金（3階）の3階建てになっている。フリーランスの多くは厚生年金に加入していないため、年金の額を増やしたい場合は、国民年金基金や個人型確定拠出年金（iDeCo）に加入し、2〜3階部分を補う必要がある。

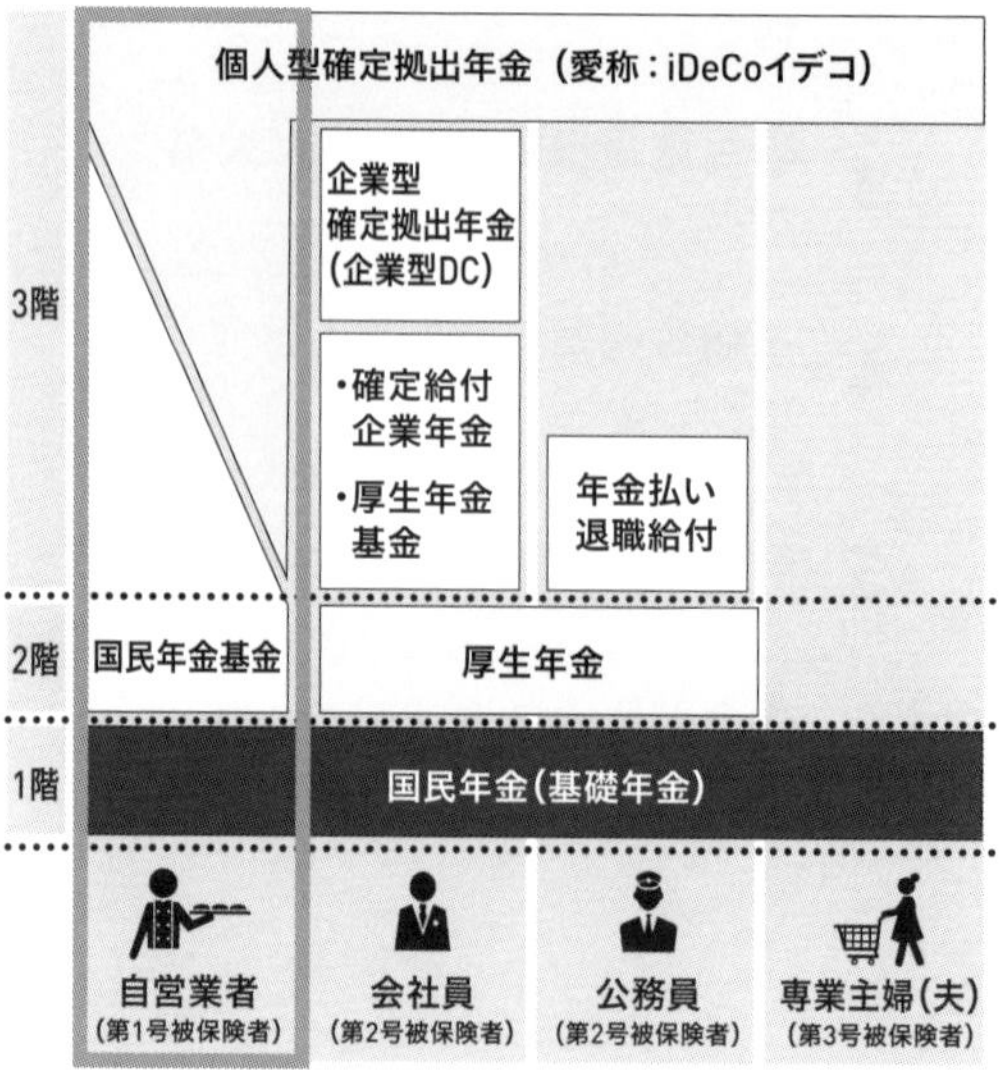

国民年金

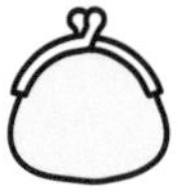

国民年金は、国民年金法によって規定されている日本の公的年金であり、日本に住んでいる20歳以上60歳未満の人は、基本的には「強制加入被保険者」となる。

強制加入被保険者は、職業や就労形態によって、第1号被保険者（自営業者、農業者、学生など）、第2号被保険者（会社員、公務員など）、第3号被保険者（専業主婦など）に分かれる。

また、加入期間が40年に満たない60歳以上65歳未満の人や、日本国籍があり、かつ日本に住んでいない20歳以上65歳未満の人などは、厚生労働大臣に届け出をすることで、「任意加入被保険者」として、国民年金に加入できる。

なお、受給時は、給付の理由によって「老齢基礎年金」（一定の年齢に達したときに支給される）、「障害基礎年金」（病気やケガによって一定の障害の状態になったときに支給される）、「遺族基礎年金」（死亡した人に扶養されていた遺族に支給される）などと呼ばれる。

年金生活者支援給付金

公的年金などによる収入金額が一定基準額以下の人の生活支援を図ることを目的に、年金に上乗せして支給される給付金。2021年4月時点では、65歳以上の老齢基礎年金の受給者であること、同一世帯の全員が市町村民税非課税であること、前年の公的年金を含む所得の合計額が879,900円以下であることが給付の条件であり、給付額は月額5,030円を基準に、保険料納付済み期間などに応じて算出される。

付加年金

国民年金の加入者（国民年金第1号保険者または65歳未満の任意加入被保険者）が、毎月の国民年金保険料に400円の付加保険料を上乗せして納めることで、毎年、基礎老齢年金に「２００円×付加保険料納付月数」の金額を上乗せした年金を受け取ることができる制度。付加保険料は全額、所得控除される。

国民年金基金

自営業者など第1号被保険者と、厚生年金に加入している会社員など第2号被保険者の年金額の差を解消するために創設された公的な年金制度。第1号保険者または65歳未満の任意加入被保険者が加入でき、フリーランスにとっては、国民年金基金が年金の2〜3階部分となる。

全員が加入しなければならない1口目（終身型2種類）に、7種類（終身型2種類と確定型5種類）の中から好きなものを選んで組み合わせることができる2口目以降を上乗せすることができ、給付額は加入時の年齢や給付タイプごとに異なる。

65歳から一生涯年金を受け取ることができ、掛金は全額社会保険料控除の対象となり、受け取る年金も公的年金等控除の対象となる。

高額療養費制度

ひと月（同じ月の1日〜末日）にかかった医療費の自己負担額が高額になった場合、一定の金額を超えた分があとで払い戻される制度。自己負担額の上限（自己負担限度額）は、年齢や所得によって異なる。

国民健康保険

日本は、高額な医療費の負担を軽減するため、全国民が公的な医療保険に加入する「国民皆保険制度」が採用されており、公的医療保険には、75歳以上の人が加入する「後期高齢者医療制度」、0〜74歳の会社員が加入する「全国健康保険協会」（協会けんぽ）や「組合健保」、公務員などが加入する「共済組合」、そして「国民健康保険」がある。

国民健康保険は、都道府県および市町村が保険者となって運営しており、加入者から集めた保険料に税金などを加えたものを財源として、加入者の医療費を負担している。国民健康保険の対象者は、0〜74歳で職場の健康保険に入っておらず、生活保護も受けていない、フリーランス、自営業者、年金生活者、非正規雇用者、専業主婦、学生などである。

なお、日本の医療費の自己負担割合は、75歳以上の人は1割、6歳（義務教育就学前）までの人と70歳以上75歳未満の人は2割、6歳以上70歳未満の人は3割となっている（ただし、70歳以上で現役並みに所得がある人は3割負担）。

国民健康保険組合

理容師、美容師、税理士、飲食業者、土木建築業者、作家、デザイナー、芸能人などが、業種ごとに集まってつくった健康保険組合。会社に属していないフリーランスは、基本的には国民健康保険に加入することになるが、従事している業種の国民健康保険組合があれば、そこに加入することもできる。

国民健康保険組合の場合、前年の所得金額にかかわらず、保険料が一定であることが多いため、人によってはかなりの額を節約することができる。

・tax saving・

国民年金保険料は最も安全で確実な「投資」

国民年金の納付率69%。若い世代ほど未納の傾向が

「額が少ない」と評判のよくない国民年金。「将来は年金が破たんするから払い損」という言葉もよく聞きます。

しかし、実は国民年金は最も安全で確実な「投資」。こんなにおトクな制度を使わない（保険料を支払わない、または未払いがある）のは、もったいなさすぎます。

国民年金保険料を完璧に払っていると…

20年間で800万円、
30年間で1500万円トクをする！

国民年金保険料を一度も払っていないと…

どんなに長生きしても、
1円ももらえない。

あなたは国民年金の保険料をちゃんと払っていますか？

おそらく「真面目に払ったって、どうせろくにもらえないのに」と思いながら、しぶしぶ払っている人がほとんどでしょうし、中には何年も払っていない人もいるのではないでしょうか。

特にここ数年、若い人の間で、国民年金の評判はあまりよくありません。「国民年金の受給開始年齢が、どんどん引き上げられている」「月々6万5000円程度の年金では、とても生活していけない」「自分たちが年金をもらう年齢になるまで、年金制度はちゃんと残っているのだろうか？」「払い損になるのではないだろうか？」といった声をよく耳にします。

でも、私は自信を持って断言します。

フリーランスの人ほど、国民年金の保険料は、絶対に払ってください！

国民年金への加入と保険料の納付は国民の義務だから、というのはもちろんですが、国民年金は最も安全で確実な「投資」であり、老後や障害を負ったときにあなたを支えてくれる心強い味方だからです。


まず、185ページの表を見てください。

これは、2021年度の、1か月あたりの国民年金の保険料（1万6610円）と満額受給額（6万5075円）をもとに、40年間全額納付した場合、65歳から受給を開始したとして、トータルでいくらもらえるかをまとめたものです。

未納期間があって満額もらえない人や、厚生年金への加入期間があってもらえる金額が異なる人もいるでしょうし、保険料と受給額は年々変わるため、実際にはこの通りにはなりませんが、ある程度の目安にはなるのではないかと思います。

表を見ていただければわかるように、現時点では、10年間受給できれば、ほぼ払い込んだ保険料の元が取れ、その後は長生きすればするほどトクをします。

「そんなに長生きするつもりはない」と言う人もいるかもしれませんが、自分が何歳まで生きるかなど、誰にもわかりません。

40年間保険料を満額払い続けた人は、仮に85歳まで生きたとして、払った額より約800万円、95歳まで生きたとして約1500万円以上多くのお金をもらうことになりますが、保険料を払わなかった人は、1円ももらうことができないのです。

また、1か月あたりの受給額自体は、生活するには心もとないかもしれませんが、**国民年金をもらえるのともらえないのとでは、老後の生活は大きく変わります**。

たとえば、私の知人のBさんは、かつては会社の経営をしていましたが、10年ほど前に倒産し、貯金も使い果たしてしまいました。

Bさんは、景気がよかった頃は「年金の世話になるつもりなどない」「年金の保険料を払うくらいなら貯金をする」と保険料を払わず、催促も無視してきました。バブルの頃は預金金利が高かったこともあり、「年金なんてもらえるかどうかわからないから、払わなくていい」と考える自営業者が多かったのです。

そのため、Bさん夫婦は、70歳になる今も、まったく年金をもらえていません。住む家を失い、現在は息子さんのもとに身を寄せているのですが、息子さんの給料だけでは、とても3人分の生活費を十分にまかなうことができません。

ご夫婦ともに「保険料を払っておけばよかった」「夫婦で13万円もらえたら、だいぶ生活がラクだったのに」と口グセのようにおっしゃっているそうです。

国民年金は、もちろん「払い損」になってしまう可能性もありますが、それよりも、**もらえるべきものをもらえなくて困る可能性の方が、はるかに高い**のではないかと私は思います。

国民年金には、65歳以降にもらえる老齢基礎年金のほかに、病気やケガなどが原因で障害を有することとなった場合、一定の要件を満たしていれば支給される障害基礎年金、万が一自分が死亡した場合、一定の要件を満たしていれば、扶養していた家族（子のある配偶者または両親ともに不在の子）に支給される遺族基礎年金などもあります。

さらに、２０１９年10月より、消費税増税に伴い、一定所得基準以下の年金生活者に対し、生活の支援を目的として、月額５０３０円（国民年金保険料を40年間全額納付した場合）が年金に上乗せして支給される「年金生活者支援給付金」制度も始まりました。

人生には何が起こるかわかりません。

特に、会社によって守られることのないフリーランスの人なら、こうした国の制度をきちんと使い、いざというときに自分の身を守るための手段を、きちんと用意しておくべきなのです。

さらに、**国民年金保険料は全額所得から控除されるため、節税にもなります**。

ただ、サラリーマンであれば、社会保険料が否応《いやおう》なく給料から天引きされますが、フリーランスのみなさんは、自分で払わなければなりません。

そのため、保険料を一度も払ったことがないという人、未納期間があるという人もいるでしょう。

「会社を辞めてフリーランスになるとき、厚生年金から国民年金に切り替えるのが面倒で、そのままになっている」という人もいるかもしれませんね。

ちなみに、２０１４年度から、督促《とくそく》状を送付する、財産を差し押さえるなど、日本年金機構が保険料の強制徴収の取り組みを強化し始めたため、国民年金の納付率は８年連続で上昇しており、**２０１９年度の納付率は６９・３％**だったそうです。

中には「今まで一度も保険料を払ったことがないし、今から払っても遅い（年金がもらえない）んじゃないか」と思う人もいるかもしれませんが、国民年金保険料は、納付期限から2年以内であれば、支払う（後納する）ことができますし、２０１７年８月から年金の受給資格条件が変わり、10年以上保険料を払えば、額は少なくなるものの、年金がもらえるようになりました。

つまり、52歳の人なら、２年前からの分を後納することで、**ギリギリ年金の受給資格が得られる**のです。

左ページの表のように、10年間全額納付しただけでも、仮に95歳まで生きた場合、払込保険料より約４００万円も多くの年金をもらうことができます。

過去2年以内に未納の期間があるという人、今まで一度も保険料を払ったことがないという人は、ぜひお住まいの市区町村の役所の国民年金課か、年金事務所に相談してみてください。

40年間全額納付した場合

・払込保険料総額 797万2800円(1万6610円×12か月×40年)
・1年あたりの受給額 78万900円(6万5075円×12か月)

75歳までもらった場合	780万9000円
85歳までもらった場合	1561万8000円
95歳までもらった場合	2342万7000円

10年間全額納付した場合

・払込保険料総額 199万円3200円(1万6610円×12か月×10年)
・1年あたりの受給額 19万5225円(78万900円/4)

75歳までもらった場合	195万2250円
85歳までもらった場合	390万4500円
95歳までもらった場合	585万6750円

tax saving

付加年金や国民年金基金で、節税しながら年金額を増やせる

コツコツ年金額を増やしましょう。積もれば山となります！

　フリーランスの期間が長い人は、３階建ての年金のうち、基本的には１階の「基礎老齢年金」部分しか受け取ることができません。
　しかし、付加年金や国民年金基金、個人型確定拠出年金（iDeCo）に加入することで、将来受け取れる年金の額を増やすことができます。
　特に付加年金は、月々400円の保険料を納めることで、「200円×付加保険料納付月数」の金額を上乗せした年金を受け取れます。

付加年金保険料を 10 年間払い続けると…

年金が月々 2000 円ずつ増える。

付加年金保険料を 40 年間払い続けると…

年金が月々 8000 円ずつ増える。

「国民年金の大事さはわかったけど、1か月の受給額が、満額でも6万5075円というのは心もとない」

おそらくみなさんの中には、そのように感じている人もいるでしょう。

長く会社勤めをした人であれば、老齢厚生年金分がある程度上乗せされますが、フリーランスの期間が長い人は、受給できる公的年金が老齢基礎年金のみになってしまいます。

しかし、そのような人でも、

・付加年金
・国民年金基金
・個人型確定拠出年金(iDeCo)

を利用することで、**将来受け取れる年金の額を増やすことができます。**

このうちiDeCoについては、PART4で説明していますので、そちらをご覧ください。

付加年金は、国民年金の加入者（国民年金第1号保険者または65歳未満の任意加入被保険者）が、月々400円の保険料を追加で納めることで、毎年、「200円×付加保険料納付月数」の金額を上乗せした年金を受け取ることができるというものです。

たとえば、10年間付加保険料を払った人は、毎年、国民年金に2万4000円（月々2000円）を上乗せした額をもらうことができ、**40年間付加保険料を払った人は、9万6000円（月々8000円）ももらうことができます。**

しかも**付加保険料（年額4800円）も全額所得から控除されます。**

2年で元が取れる大変おトクな制度ですから、フリーランスの人はぜひ利用しましょう。

国民年金基金も、厚生年金に加入していないフリーランスなどが、老齢基礎年金に上乗せできる制度で、やはり国民年金第1号被保険者または65歳未満の任意加入被保険者が加入でき、

・65歳から一生涯年金を受け取ることができる。
・掛金により、将来受け取る年金額が確定する。
・掛金は全額社会保険料控除の対象となり、受け取る年金も公的年金等控除の対象となる。
・加入者が早期に亡くなった場合、家族に遺族一時金が支給される（全額非課税）。
・ライフプランに合わせて年金額や受取期間を設計でき、加入後もプラン変更可能。

といったメリットがあります。

国民年金基金は、全員が加入しなければならない一口目（終身型2種類）に、7種類（終身型2種類と確定型5種類）の中から好きなものを選んで組み合わせることができる二口目以降を上乗せすることができ、一口当たりの給付額は、加入時の年齢や給付タイプごとに異なります。

興味のある人は、全国国民年金基金のホームページをチェックするか、電話で資料請求をしてみてください（0120－65－4192）。

なお、付加年金と国民年金基金は併用できませんが、**付加年金とiDeCo、国民年金基金とiDeCoは、それぞれ併用可能です**。

ただし、国民年金基金もiDeCoも、掛金の上限は月額6万8000円ですが、併用する場合は、掛金の合計の上限が月額6万8000円となります。

tax saving

国民健康保険で心身の健康を守ろう

とても優れた制度であるうえ、支払ったお金は控除の対象に

　あらゆる医療保障の基礎ともいえる国民健康保険。
　入っている方がほとんどだと思いますが、実は未加入のフリーランスの人もいます。
　保険料の支払いが滞りがちな人は、心身の健康を守るためにも、絶対に払いましょう。
　国民健康保険は、おトクで優れた制度です。

国民健康保険に入っていると…

医療費が3割負担。
高額な医療費の負担も軽減！

国民健康保険に入っていないと…

医療費が全額負担。
罰金を取られる。生命の危険も！

ごくたまに、国民健康保険に入っていない、または保険料を滞納しているというフリーランスの人がいます。

「勤めていた会社を辞めたとき、国民健康保険に切り替える手続きをしなかった」「一時期、お金がなくて保険料を滞納し、そのままになっている」といった理由から、健康保険証を持っていなかったりするのです。

そのような人は、

今すぐ、国民健康保険に入ってください!

日本の国民健康保険制度は、とても優れています。

まず、国民健康保険に入っていれば、医療費の自己負担が3割(6歳から69歳の人。小学校入学前と70歳以上75歳未満は2割）となります。

本来なら1万円払わなければいけない治療を受けても、3000円だけ払えばいいわけです。

そして、保険料は全額所得から控除されます。

また、国民健康保険に加入していれば、「高額療養費支給制度」を利用できます。

これは、同一月にかかった医療費の自己負担額が高額になった場合、一定の金額を超えた分があとで払い戻される制度で、年齢や所得にもよりますが、たとえば1か月の医療費の自己負担分が15万円だったとしても、制度を利用すると8万円程度で済んだりします。

非常にありがたい制度なのです。

さらに、国民健康保険に入っていれば、年に1回、自治体がすすめる健康診断を無料～数千円で受けることができます。

会社員であれば、病気やケガで一定期間休むことになっても、同僚に仕事を引き継いだり、休業補償をもらったりすることができますが、ほかに頼る人のいない**フリーランスの人にとって、体は資本です**。

いつまでも元気に働き続けるためには、体の点検とメンテナンスが欠かせません。

しかし、中には、費用が高額な人間ドックに入る余裕のない人もいるでしょう。そんな人にとって、国民健康保険で受けられる健康診断は安価だったり補助が出たりするため、心強い味方となります。

逆に、国民健康保険に入っていなかったり、保険料を滞納していたりすると、さまざまなデメリットがあります。

そもそも、国民健康保険への加入は国民に課された義務であり、加入していないと法律違反となり、10万円以下の罰金などのペナルティーが科されます。

保険料の滞納を続けた場合には、財産が差し押さえられたり、口座が凍結されたりすることもあり、滞納の末、保険料を支払うことになった場合は、滞納期間に応じて延滞金を支払わなければなりません。

しかも、**医療費は全額自己負担**となり、高額療養費支給制度も健康診断も利用できません。

余計な出費や手間をおさえるためにも、国民健康保険料はきちんと払いましょう。もし「滞納しているけれど、経済的に払うのが難しい」という場合は、まずはお住まいの市区町村の役所の国民健康保険窓口に相談しましょう。

事情をきちんと伝えれば、支払いを待ってくれたり、分割での支払いを認めてくれたり、場合によっては軽減や減免といった処理をしてもらえることもあります。

なお、個人事業主の人は、同じ種類の職業に就《つ》いている人を組合員とする「**国民**

健康保険組合」があれば、そこに入ることもできます。

国民健康保険組合の場合、前年の所得金額にかかわらず、介護保険料を含めた保険料が月々2万円程度と一定であることが多いため、人によってはかなりの額を節約することができます。

国民健康保険料（自治体によっては、国民健康保険税）は、医療分、後期高齢者支援金分、介護納付金分などに分かれ、加入者全員に一律にかかる均等割額、加入者の前年の所得に応じてかかる所得割額などが、各自治体で定められています。

その合計額が1年間の保険料になるのですが、前年度の課税所得が多いと、年間保険料が90万円前後になってしまうこともあります。

しかし、そのような人が、月々の保険料が約2万円の国民健康保険組合に入れば、**年間70万円近くの保険料を節約することができます**。

「国民健康保険の保険料が高すぎる」という人は、加入できる組合があるかどうかを確認し、どちらの方がより保険料の負担が軽くなるか、検討してみた方がよいでしょう。

ただ、国民健康保険組合がある業種は、理容師、美容師、税理士、飲食業者、土木建築業者、作家、デザイナー、芸能人など、限られています。

どのような業種があるか、一度ネットなどで調べてみてください。

・tax saving・

生命保険や学資保険は、無理に入らなくてもいい

高額医療費支給制度で十分。各種保険も損をする確率が高い

フリーランスの人の中には、病気やケガに備えて生命保険に加入している人、子どもの進学時に必要な教育資金を準備する学資保険に加入している人（もしくは加入を考えている人）もいるでしょう。

しかし、生命保険や学資保険は損をする確率が高い金融商品であり、無理に入る必要はありません。

生命保険や学資保険への加入は慎重に。すでに入っているなら内容を見直し、浮いた保険料で節税しながら、より効率よく資産の形成を！

フリーランスの人は、まさに体が資本です。

万が一、病気やケガなどで仕事ができない状態になると、たちまち困ることになってしまいます。

そのため、いざというときのために生命保険に入っているという人、生命保険への加入を考えているという人は少なくないでしょう。

しかし、私は、**生命保険は損をする確率が高い金融商品**であり、無理に入る必要はないと考えています。

実は、家計相談に来られた方のお話を聞くと、「保険貧乏」に陥ってしまっており、「保険料を払っているせいで、貯金ができない」というケースがかなり多いのです。

よく、「生命保険は、不動産の次に高い買い物だ」といわれますが、一生の間に支払う生命保険料を計算すると、相当な額になります。

夫婦それぞれが保険に入っていたら、月々の支払額が2万〜3万円くらいになることも多いでしょう。

でも、本当に、それだけの保険料を払う必要があるのでしょうか？

生命保険には、「死亡時に備える」「医療費にあてる」「貯金代わりにする（貯蓄）」という3つの役割があります。

そのうち、貯金については、今は生命保険の中にうまみがある貯蓄商品はないので、わざわざ使う必要はありません。

貯蓄と保障は切り離し、自分自身でコツコツとお金をためていけば十分です。

死亡時の備えについては、**幼い子どもを残して親が亡くなったときなどは、生命保険が役に立つかもしれません。**

貯金だけではなかなか、子どもが独り立ちするまでの費用をまかなうことができないからです。

しかし、子どもがすでに独立しているなら、基本的に必要はないといえます。

お葬式代についても、生命保険に加入せずとも、ある程度の貯金があればまかなえるはずです。

そして、医療費についてですが、病気やケガで働けなくなったときのことを考えると、フリーランスの人にとっては、生命保険の医療保障は役に立つかもしれません。

ただ、245ページでお話しするように、**最低でも7・5か月〜1年分の貯金があれば、病気やケガをしても治療費はまかなえますし、国民健康保険に加入していれば、高額療養費支給制度を利用することもできます。**

保険はあくまでも「社会保障や貯金でまかなえない部分をカバーするもの」ととらえ、必要最低限にとどめましょう。

また、みなさんの中には、将来のお子さんの学費のために、学資保険に入ることを考えている人もいらっしゃるかもしれません。

学資保険は、子どもの進学時に必要な教育資金を準備するものであり、たいていは子どもが生まれたときに保険料の払い込みをスタートし、大学受験の頃に満期保険金がおりる仕組みになっています。

契約期間内に契約者（親など）が死亡したり高度障害になったりした場合には、以後の保険料支払いは免除され、遺族は決まった時期に保険金を受け取ることができます。

強制的に貯金ができるため、「余裕があると、つい使ってしまう」「子どもの学費をためたい」という人には学資保険は向いているといえますが、**「学資保険がおトクかどうか」は疑問です。**

学資保険を選ぶ際、おそらくほとんどの人が「返戻率」を気にするはずです。

返戻率とは、支払った保険料に対し、契約者が受け取ることのできる金額の割合のことで、学資保険の商品には返戻率が１１０％を超えるものも多く、一見おトクな気がします。

ところが、**学資保険の返戻率を換算してみると、実質利回りはさほど大きくない**ことがわかります。

たとえば、「18年払い込みで、返戻率１１０・３％」とうたっている学資保険の実質利回りは、22歳までの分割受取方式で、０・95％だったりします。

ほかにも、学資保険には、

・加入時に予定利率が固定されるため、インフレに弱い。

・途中で解約すると元本割れする可能性が高く、流動性がよくない。
・保険の特約（医療保険特約や傷害特約など）をつけると、さらに返戻率が下がる。

といったデメリットもあります。

こうした点を考え合わせると、無理をして保険料を支払うのは、あまりおすすめできません。

生命保険であれ学資保険であれ、事前にこうした点をしっかり考えて加入を検討したり、あるいは現在入っている保険が本当に必要なのか、ムダな特約をつけていないかなどを見直し、スリム化したりするだけで、月々数千円から数万円の支出がカットできる可能性があります。

その分を、ＰＡＲＴ７で紹介するつみたてＮＩＳＡなどで運用した方が、よほど利回りがよく、節税にもなり、効率よく資産を形成できるのではないかと、私は思います。

PART 6

お金の管理・貯金

この章で学べること

1 手取りとは何か?

2 お金を管理できるようになるとどんなメリットがあるか?

3 消・浪・投でお金を管理する方法

4 ２枚のカードでお金を管理する方法

5 貯金額はどのくらい必要か?

・tax saving・
お金について、足元から見直そう

手取り

報酬や給料から、所得税、住民税、年金保険料、健康保険料などを差し引いた、実際に受け取れる金額のこと。会社員の場合は、基本的には給料の額が一定で、税金なども毎月天引きされるため、手取りの額を把握しやすいが、収入に波があり、しかも税金の納め方がそれぞれ異なる（所得税など源泉徴収されるもの、住民税など数か月ごとにまとめて払うもの、国民年金保険料や国民健康保険料など毎月払うものがある）フリーランスは、手取りの額がわかりにくい。

預金

金融機関にお金を預けること。預金には、さまざまな種類がある。かつては定期預金（1年）の金利が6%程度だったこともあるが、2021年4月時点で、大手都市銀行の普通預金の金利が0.001%、定期預金（1年）の金利が0.002%程度。

種類	特徴
普通預金	自由に預け入れや引き出しができるため、生活費の預け入れ、報酬や給料の振り込み、公共料金やクレジットカード代金の引き落としなどに便利だが、金利は低い。
定期預金	預入期間が決まっており（1か月、1年、10年など）、満期までおろせないが、普通預金よりは金利が高い。
当座預金	企業や個人事業主などが事業用のお金を預け、手形や小切手を使って引き出す。金利はつかない。

クレジットカード、デビットカード、プリペイドカード

商品やサービスの代金の決済に利用できるカードとしては、主に以下の3種類がある。

種類	特徴
クレジットカード	カードを利用した翌月以降に、指定の口座から料金が引き落とされる。料金を一括で払う1回払い、ボーナス時にまとめて払うボーナス払い、何回かに分けて払う分割払い、毎月の一定の額を払っていくリボ払いといった支払方法があり、便利だが使いすぎてしまうおそれがある。
デビットカード	銀行口座とひもづけられており、カードを利用した直後にその口座から料金が引き落とされる。そのため、口座の残高の範囲内でしか利用できないが、使いすぎを防ぐことができる。
プリペイドカード	事前に現金をチャージして使う。そのため、チャージした金額の範囲内でしか利用できないが、使いすぎを防ぐことができる。

デビットカードを2枚つくり、
事業用と家計用で使い分けましょう!
デビットなら使いすぎるおそれもなく、
お金が管理しやすく、支払いもスマートにできます。

tax saving

フリーランスこそ、老後破産を避けるためにお金の管理を

お金の管理ができると人生はもっと楽しくなります

なぜ、毎月のお金を管理しなくてはならないか、理由がぱっと浮かびますか？

老後のため？　それとも夢のため？

実は違います。

毎日を安心して楽しく過ごすためです。

お金をしっかり管理すれば、あなたの生活や人生は、不安の少ないものになります。

お金を管理する人は…

前向き。毎日の生活を楽しんでいる。不安がない。

お金を管理しない人は…

イライラし、憂鬱《ゆううつ》になりがち。お金がないと不安になる。

フリーランスの人が、何よりもまずやるべきこと。

それは「**お金を管理すること**」です。

そして、お金を管理するというのは、具体的には「自分の収入と支出をしっかり把握し、何にいくら使うかをコントロールすること」です。

このように書くと、「そのくらい把握している」「ムダ遣《づか》いなんて全然していない」と言う人もいるかもしれませんね。

しかし、「収支を正確に把握できていない人」「自分でも気づかないところで、たくさんムダ遣いをしている人」は非常にたくさんいるのです。

脅《おど》かすつもりはないのですが、現代日本には、みなさんが思っている以上に、**「老後破産」確実な人がいます**。

かつて十分な収入が得られていた時期もあったはずなのに、50代や60代になったとき、貯金がまったくなかったり、借金を抱えていたり、というフリーランスの人は少なくありません。

理由はそれぞれにあるでしょうが、「お金の管理がきちんとできておらず、ついお金を使ってしまった」というケースがきわめて多いのです。

ですから、みなさんには「お金を管理すること」の重要性をしっかり認識していただきたいと思います。

それができるかどうかで、みなさんのこれからの生活、これからの人生が大きく変わるからです。

とはいえ、毎月、いくらお金が入ってきているか、いくら使っているか、しっかり把握するのは案外難しいものです。

私のところに相談に来られるフリーランスの方も、よく「お金の入るタイミングも金額もバラバラだし、いつ何に使うかは仕事にもよるし、なんだか面倒で、特にお金の管理はしていない」とおっしゃいます。

たしかに、入金一つとっても、毎月ほぼ同じ額が決まった日に入金される会社員とは異なり、フリーランスの人は、月ごとに入金額が違ったり、取引先ごとに入金日が違ったりします。

「お金が入った日が給料日」という感覚の人もいるでしょう。

お金の管理を「面倒くさい」と思ってしまうのも仕方ないかもしれません。

また、フリーランスの人にとっては、**「月々の収入が安定しない」「収入が増えていかない」というのが最大の悩みです。**

たまたま多いときもあれば、少ないときもあったり、社会経済に何かしらの問題が発生すると、すぐに発注が減ってダメージを受けたりします。

体調を崩して働けなくなっても、サラリーマンのように休業補償が出るわけでもなく、昇給もありません。

むしろ、年齢を重ねれば重ねるほど、仕事が減り、収入が減っていくというケースが多いのではないでしょうか。

実際、フリーランスの人へのアンケート調査を見ると、就業環境や仕事内容、仕事上の人間関係、仕事の達成感などについては、多くの人が満足しているのに対し、収入については不満を抱えている人が圧倒的に多いようです。

私は今まで、少なくとも数千人のフリーランスの方に会い、話を聞いてきましたが、「お金の管理をしていない」「お金の管理が面倒くさい」と考えてしまう背景には、「収入が安定しなかったり、増えていかなかったりするため、将来の見通しが立たない」「収支をきっちり計算すると、現状や将来への危機感や不安が強くなりそうで怖い」「生活に余裕がない中、どうなっているかもわからない老後のために、今からお金を管理する気になどなれない」といった思いや悩みも、非常に強くあるように感じます。

しかし、ここで強くお伝えしたいのは、「お金の管理をするのは、別に老後のためではなく、不安な気持ちになるためでもない」ということです。

では、なぜ、何のためにお金を管理するのか？

究極的には、「毎日を楽しく生きるため」です。

お金を管理するかしないかで、あなたのこれからの生活や生き方が大きく変わるのです。

220～221ページに、お金を管理していない人とお金を管理している人、それぞれの特徴（横山調べ）をまとめてみました。

いかがでしょう。

どちらの方が、毎日を楽しく過ごせそうでしょうか。

お金を管理できるようになると、何事においても優先順位がきちんとつけられるようになり、「自分にとって本当に必要なもの」「自分にとって本当に大切なもの」がわかるようになります。

その結果、お金の使い方だけでなく、性格やものの考え方、生活スタイルも変わり、さまざまな不安や焦《あせ》りから解放され、自分に自信が持てるようになるのです。


お金を管理すると、毎日を前向きに、楽しく生きられるようになる！


これは、今まで数多くの方のお金の相談に乗ってきた私の実感です。

簡単にお金を管理できる方法については、222ページ以降でお伝えします。

今からでも決して遅くはありません。

きちんとお金について考え、お金を管理し、あなたの生活と人生を、よりよいものにしていきましょう。

お金を管理していない人の特徴

お金の使い方	・「売上＝使えるお金」と思い、使ってしまう ・「今日ぐらい、いいか」と、お金を使いすぎる ・ムダな買い物が多く、お金が残らない ・本当に欲しいものが買えない ・買い物でストレスを発散している ・年齢の割に貯金が少ない ・借金がある
性格や生活スタイル	・物事の優先順位をつけるのが苦手 ・時間の管理が苦手で、スケジュールに余裕がない ・仕事に集中できない ・物事を中途半端に投げ出すことがある ・ちょっとしたことで追い詰められやすい ・「私、お金がないから」などと自《じ》虐《ぎゃく》的になる ・ふとしたとき、将来が不安になる ・イライラしやすい ・部屋や玄関、冷蔵庫が汚い ・将来、自分がどうしたいか、よくわかっていない ・友人との飲み会が楽しくない ・夫婦で将来の話を前向きにできない ・心から楽しむ余裕がない ・友人とのつきあいがおっくう

お金を管理している人の特徴

お金の使い方	・支出の優先順位がついている ・急な出費にあわてず、余裕がある ・財布のひもがかたい。節約をしている ・本当に欲しいものだけにお金を使う ・買ったものを大切にする ・毎月の貯金をしっかりする。少額でもためられる
性格や生活スタイル	・生活の満足度が高い ・仕事への意識が高い。目標がある ・日々を楽しむ余裕がある ・何事にも「これで十分」と思える ・時間の余裕がある ・待ち合わせに遅刻しない ・前向きな言動、行動が多い ・ムダな飲み会、人づきあいをしない ・自分の時間を大切にしている ・夫婦仲、家族の仲がよい ・自分らしい生活を築いている ・周囲からの信頼が厚い ・投資信託や経済などを勉強している ・本をよく読む

tax saving

事業用と家計用、まず2つのカードを用意する

家計簿いらずで、
経費の管理がラクになる!

事業用と家計用、2つの口座およびカードを用意すると、帳簿や家計簿をつけなくても、事業用の経費として何にいくら使ったか、家計費として何にいくら使ったか、今いくら残っているかが簡単にわかります。

それこそが、お金を管理する第一歩なのです。

カードを用意すると…

**家計簿をつけなくても、
毎月の収支を簡単に管理できる。**

カードを用意しないと…

**毎月の収支が管理できない。
赤字、黒字が不明確。
または自力で家計簿をつける必要が。**

みなさんの中には「お金を管理する大事さはわかったけど、具体的にどうすればいいかわからない」「どうやってムダ遣いを減らせばいいかわからない」という人もいるでしょう。

たしかに、会社なら経理担当の部署があって、お金の管理を任せることができますが、一人で仕事をしているフリーランスの人には、毎日帳簿や家計簿をつけるなど、とても無理ですよね。

ですから、ここでは誰にでも簡単にできる方法をお伝えしましょう。

時間やエネルギーを取られることなくお金の管理ができ、「何にいくら使ったか」が一目でわかり、確定申告のための帳簿作りもラクになる方法です。

やるべきことは、非常にシンプルです。

まず、銀行や郵便局の口座を2つと、クレジットカード（できればデビットカード）を2枚、用意してください。

そのうえで、片方の口座とカードを事業用、片方の口座とカードを家計用にしてください。


ただ、それだけです。

すでに複数の口座やクレジットカードを持っている人は、さっそく今日から、そのうちの**一つを事業用**、**一つを家計用**にしましょう。

そして、事業用の口座には、事業売上をすべて入金し、事務所の家賃、備品、消耗品、仕事に関する飲食費など、事業に関するお金はすべて、事業用のカードで支払うようにします。

一方、家計用の口座には、月に一度、事業用口座から生活費を入金し、家賃や光熱費、携帯電話代、仕事以外の飲食代、趣味のお金、お子さんの教育費、税金、国民年金や国民健康保険の保険料などは家計用のカードで支払うようにします。

自宅を事務所にしている人、仕事用の電話も個人的な電話も一台の携帯電話で済ませている人の場合、家賃や光熱費、携帯電話代などは、とりあえず割合の高い方で払っておきましょう。

最初は少し、手続きやご自身の中でのルール作りが大変かもしれませんが、まずはひと月、カードを使い分けてみてください。

そうすれば、口座やカードの残高・明細をチェックするだけで、今までお金の管理をしてこなかった人でも、1か月に、だいたいどのくらい仕事の経費や家計費を使っているのか、現在どのくらいのお金が残っているのかがすぐにわかります。

そしてそれこそが、**お金を管理できる人になるための、最初の一歩**となります。

「お金が管理できない人」は、自分が今、どれくらいお金を持っているのか、何にいくら使っているのかがわからない人です。

そこがわからないから「お金をためなきゃいけない」「節約しなければいけない」と心のどこかで思いつつ、あとどのくらいお金を使っていいのか、どの支出をどれだけ削《けず》ればいいのかもわかりません。

その結果、「まあ、何とかなるだろう」と思いながら、あるいは「これは仕事の経費だから」と**自分に言い訳をしながら、ダラダラとお金を使ってしまう**のです。

特に、個人で仕事をしている人は、ついつい仕事の経費も家計費も一つの口座、一つのカードで済ませてしまいがちです。

それでは、帳簿を作るまで、経費としていくら使ったかがわかりませんし、いざ帳簿を作る際も、レシートや領収書をいちいち事業用と家計用に分けなければならないため、手間と時間がかかかります。

でも、2つの口座、2枚のカードを使い分ければ、残高や明細を見るだけで「経費がかかりすぎている」「飲食費が多すぎる」「携帯電話代が高すぎる」などがわかりますし、その中で削れるものは何か、限られた予算の中で何を買えばいいのか、具体的に考えることができるようになります。

帳簿を作る際にも、基本的には事業用の口座とカードの明細をチェックすればいいので、作業がかなりラクになります。

なお、**カードを作る場合は、デビットカードがおすすめ**です。

デビットカードは預金口座とひもづけられており、決済すると同時に口座からお金が引き落とされます。

後払いのクレジットカードと違って、現時点で何にいくら使っているか、いくらお金が残っているかが把握しやすく、口座の残高内でしか利用できないため、使いすぎを防ぎやすいのです。

このように、口座とカードを使い分ければ、誰でもすぐにお金を管理し、ムダ遣いを防ぐことができますし、少しずつでもお金をためられるようになるはずです。

・tax saving・

消・浪・投で、ムダなく強い家計を

横山流、お金の管理術。この基本をおさえることが大切

月々使っていいお金を、「売上」を基準に考える人は少なくありません。

しかしフリーランスの人は、売上から経費、税金などを引いた「手取り」を基準に考えるべき。

その額を把握して初めて、ムダ遣いを本当に減らすことができるのです。

「手取り額」がわかっている人は…

毎月、しっかり貯金ができる。ムダ遣いがない。

「手取り額」がわかっていない人は…

隠れたムダ遣いが多く、お金がたまらない。

経費の管理についてはＰＡＲＴ３でお話ししましたが、フリーランスの人にとって、家計費の管理もとても大事です。

経費と家計費の両方において、必要なことのみにお金を使い、ムダな支出をおさえること。

それができて初めて、お金をためたり、将来に向けて資産を増やしたり（具体的な方法については、ＰＡＲＴ７でお話しします）することができるからです。

その際、何よりもまず気をつけていただきたいのは、

１か月の家計費は、売上の額でなく、
最終的な「実質の手取り」の額をベースに考える

ということです。

１０７ページでご紹介したAさんのケースを改めて見てみましょう。

Aさんの場合、１か月の平均的な売上は70万円です。

ところが、経費に34万円かかっているため、所得は36万円となり、さらにその中から、住民税約３万円と国民年金や国民健康保険の保険料５万円を払っています。

つまり、会社員の「手取り」にあたる額は、Aさんの場合、28万円となってしまうのです。

・Aさんの売上　70万円

・Aさんの手取り　28万円

いかがでしょう。

数字で見ると、インパクトが全然違いますね。

毎月70万円のお金が入るので、本人も周囲の人も「比較的裕福である」と考え、**スケールの大きな生活をしてしまいがち**ですが、実際のAさんの手取りは28万円。会社員の初任給の平均額よりは高いけれど、しっかりお金を管理しなければ貯金はできませんし、ムダ遣いをする余裕はあまりありません。

このギャップが、フリーランスの人が陥りやすい落とし穴であるといえます。

同様の方は、ほかにもたくさんいらっしゃいます。

たとえば、1年間の売上が1000万円を超えていて、身なりも立派なのに、貯金が少なく、将来に不安を抱えている方もいらっしゃいました。

その方の場合、年に1000万円以上稼いでいても、経費の割合が非常に高く、実際の手取りは月々30万円ほどでした。

でも、まるで月々80万円くらいの手取りがあるかのように、気前よくお金を使ってしまうのです。

売上を基準にお金の使い方を考えるか、手取りを基準に考えるか。
これで大きく人生は変わります。

実は、「節約しているのにお金がたまらない」「いくら頑張っても貯金が増えない」という悩みを持つ人が、手取りを正確に把握していないケースは少なくありません。

そもそも自分が実際に手にするお金の額をきちんと把握していなければ、せっかくの節約も貯金も場当たりな的なものになり、長続きはしません。

さて、今まであなたは、何を基準に月々の収支を考えていたでしょうか？

①手取りを基準にお金を使っていた。
②売上と手取りの中間くらいを、なんとなく基準にしていた。
③売上を基準にお金を使っていた。

④特に考えていなかった。

　さまざまなケースがあると思いますが、特に②～④に該当する方は、口座とカードを使い分け、月々いくら経費にかかっているかを把握できたら、自分の所得を計算し、税金や社会保険料を差し引き、「手取りの額」を計算してみましょう。

　月によって収入が違うという人は、帳簿や確定申告時の書類などをもとに、1年分の手取りを計算し、それを12で割って、平均額を出しましょう。

　それがわかったら、具体的に家計費を見直していきます。

　家計費の見直し方については、拙著『**年収200万円からの貯金生活宣言**』（ディスカヴァー・トゥエンティワン刊）などに詳しく記してありますので、ここではポイントだけご紹介しましょう。

家計費においても、まずは「何にいくらまで使っていいか」という枠をつくることが大事です。

私はいつも、相談に来られた方に、支出を、

・消費（消）：生活に必要なものに使うお金。生産性はさほど伴わない。食費、住居費、水道光熱費、教育費、被服費、交通費など。
・浪費（浪）：生活に必要がなく、無意味で生産性もないものに使うお金。嗜好《しこう》品、程度を超えた買い物やギャンブル、固定化された高い金利など。
・投資（投）：生活に不可欠ではないものの、将来の自分にとって有効な、生産性の高いものに使うお金。

の3つに分け、お金を使うたびに「その支出がどれにあたるのか」を考えていただいたり、家計簿に記録し「見える化」していただいたりしています。

そのうえで、月々の「手取り」を100とした場合、消費を70%、浪費を5%、投資を25%の枠内におさめていただき、投資については、さらに、

・**貯金やお金への投資など「将来へ残す投資」…15%**
・**自分への投資など「使う投資」…10%**

に分けてもらっています。

自分への投資というのは、今後の自分にプラスになる本を読むとか、資格を取得するとか、将来役に立ちそうな知識や経験を手に入れるためにお金を使うことです。

そして、消・浪・投のうち、最も減らしていただきたいのは浪費の部分、次に、必要以上に偏った、消費の一部です。

経費を使うとき同様、家計費においても、常に「きちんと枠内におさまっているだろうか?」「**この支出は本当に必要なのか?**」「消費や投資ではなく、浪費ではな

いのか？」と考えるようにしてみてください。

それを繰り返すことで、お金に対する意識、お金の使い方が変化し、ムダな支出が減っていき、貯金や投資に向けられるお金が少しずつ増えていくはずです。

フリーランスの人の場合、収入にも支出にも波がありますから、毎月必ず、決まった枠の中に支出をおさめ、決まった額を貯金するというのは難しいかもしれません。

ですから、基本的な枠組みはおさえつつ、収入が少ない月は貯金にまわす額を少なめにし、その分、**収入が多い月は貯金額も多くする**など、フレキシブルに対応されることをおすすめします。

あなたの月々の「手取り」はいくら？

売上	（　　　）	万円
－経費	（　　　）	万円
－税金	（　　　）	万円
＝手取り	（　　　）	万円

注：税金には国民年金・国民健康保険の保険料などが含まれる。

消・浪・投を「見える化」する

$$\veebar\veebar$$

～	10/4（金）	10/5（土）	10/6（日）	1週間合計
	ランチ　864	パン屋　372	電車賃　280	消費　18595円
	スーパー　1854	歯医者　2375	英会話　2105	浪費　2156円
	タクシー代　730	本　702	ホットドッグ　756	投資　5437円
		参考書　1404	ジュース　156	
			くつ下3P　1080	
	計3448円	計4853円	計4377円	

▨▨▨（消費）┐
- - - - -（浪費）├ 蛍光マーカーペンなどで色分けすると見やすい！
（投資）┘

消・浪・投の理想的なバランス

$$\veebar\veebar$$

さらに

投資　25%
消費　70%
浪費　5%

貯金・お金への投資　15%
自分への投資　10%

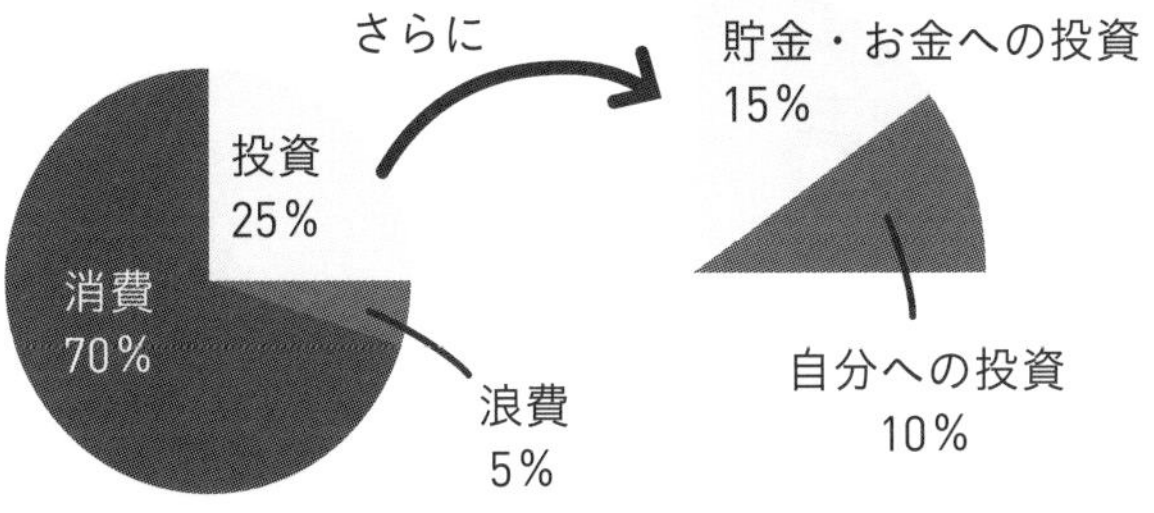

・tax saving・

生活費1年分以上の貯金を目指そう

事故、病気、収入減。人生に支えは必須です

フリーランスの人は、とにかく最低でも生活費１年分のお金をためましょう。

これは、生活費が足りなくなったときや、病気やケガで働けなくなったときなどに使うためのものであり、このお金があるかどうかで、気持ちの余裕がまったく違います。

生活費１年分以上の貯金があると…

病気やケガ、災害に遭《あ》っても、余裕がある。急に仕事が減っても対応できる。

生活費１年分以上の貯金がないと…

いざというときに頼れるものが何もない。

フリーランスの人にとって、貯金をするのは大変なことです。

おそらく、みなさんの中にも「貯金が大事なのはわかっているけど、収入にも支出にも波があって、毎月一定の額をためていくのは難しい」「生活に余裕がなくて、貯金なんてとてもできない」という人が、たくさんいるのではないでしょうか。


しかし、フリーランスの人こそ、貯金をするべきです。


病気になったりケガをしたりして、入院生活を余儀《よぎ》なくされたとき、会社員であれば、休業中も給料が出ますし、有給休暇を使うこともできます。

でもフリーランスの人は、働けなくなったら、たちまち収入が途絶えます。

誰も生活を保障してはくれないのです。

そんなとき、助けになるのは貯金です。

また、フリーランスの人は、どうしても仕事の入り方に波があります。何らかの事情で仕事がぽっかりとあき、収入が足りなくなったとき、助けになるのも、やはり貯金です。

貯金は、フリーランスの人にとっての命綱《いのちづな》なのです。

では、だいたいいくらぐらいの貯金を、どうやってつくればいいのでしょう。
私はいつも、家計の相談にいらっしゃったサラリーマン家庭のみなさんには「最低でも、使うための貯金（月収の1・5か月分）と、おろさない貯金（月収の6か月分）を持ってください」とお話ししています。

使うための貯金というのは、生活費が足りなくなったときや、ちょっとした予定外の出費などに対応できるようにするための貯金。
おろさない貯金というのは、先ほど書いたように、病気やケガをしたり、仕事がぽっかりとあいたりして、万が一収入が途絶えたとしても、当面生活できるようにするための貯金です。

特に、フリーランスの人は、健康保険の傷病手当金など、万が一のときに補填《ほてん》されるお金がないため、できればおろさない貯金だけで生活費1年分以上、準備しておきたいところです。


いざというときに動かせるお金があるかどうかで、人生は大きく変わります。

さまざまなピンチにも臨機応変《りんきおうへん》に対応できますし、災害が起きたときなどにも、1年分の貯金があれば、ある程度余裕を持って過ごすことができるからです。

ここまで読んで、「生活費1年分以上の貯金の大切さはわかったけど、そもそも自分の月々の生活費がいくらかわからない」と思った人は、ぜひ222〜229ページで紹介した「お金の管理術」（事業用と家計用、2つの口座とカードを使い分け、お金を管理する方法）を1か月やってみてください。

家計用の口座とカードのお金の流れを見れば、月々の生活費は簡単にわかるはずです。

PART 7

お金の投資・増やす

この章で学べること

1 フリーランスが投資を始めるべき理由とは?

2 つみたてNISAとは何か? そのメリットは?

3 つみたてNISAとiDeCo、どちらがおトクか?

4 楽天VTとは何か?

5 なぜ投資は長く続ける必要があるのか?

お金を増やしたいなら投資をしよう

投資信託

投資家から集めたお金（ファンド）を、投資のプロであるファンドマネジャーが運用し、その成果に応じて、収益を投資家に分配するというもの。

ファンドマネジャーは、たくさんの投資家から集まった膨大なファンドで、日本中もしくは世界中の企業などの株式や債券を買い、運用する。そのため、投資信託を一つ買うだけで、複数の銘柄の株式や債券に分散投資することができる。

また、投資信託は積立で購入することも可能であり、毎月決まった日に一定の額（もしくは数）を購入することで、買うタイミングによって損をするリスクを分散させることもできる。

つみたてNISA

2018年1月にスタートした制度で、専用の口座で積立で投資信託を買った場合、それによって得られた利益には20年間、税金がかからないというもの。つみたてNISA口座で購入できる商品は、金融庁が認めた投資信託やETFのみであり、購入できる額は、一人1年間あたり40万円までと決まっている。

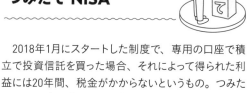

インデックス・ファンド

価額が、その市場全体の企業の株価の平均値と同じ動きになるようつくられた投資信託のこと。インデックス・ファンドには、日本株式を対象としたもの、先進国株式を対象としたものなどがあり、日本株式のインデックス・ファンドは、日本の代表的な企業や、東証一部上場企業の株価の平均値と同じ動きになることを目指し、作られている。

インデックス・ファンドは価格の変動が緩《ゆる》やかで、手数料が安く、大儲《おおもう》けはしないけれど失敗する可能性が限りなく低い。

ネット証券

実店舗を持たずに、投資信託や株式、金などの金融商品の取引を行う証券会社のこと。営業担当者などがおらず、顧客は商品の選択や売買を自己判断で行わなければならないが、時間などを気にせず手軽に取引ができる、売買手数料が安い、品揃《しなぞろ》えが豊富である、といったメリットがある。

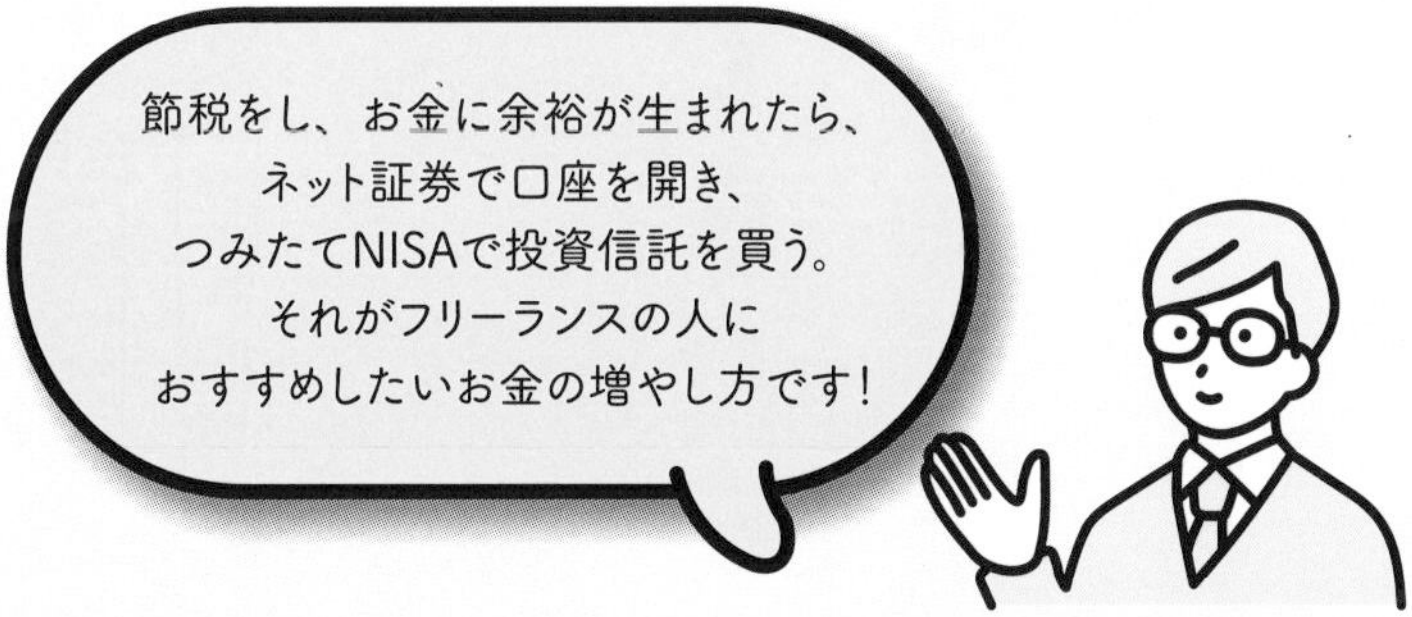
節税をし、お金に余裕が生まれたら、
ネット証券で口座を開き、
つみたてNISAで投資信託を買う。
それがフリーランスの人に
おすすめしたいお金の増やし方です！

· tax saving ·

将来、働けなく
なったら…。
その不安を解消でき
るのは、投資だけ！
（貯金ではない）

還付金の使いどころ！
節税で浮いたお金で投資を！

フリーランスの人こそ、投資をするべきです。

月々2万円ずつの積立投資（年率リターン６％）と、同じ額の積立預金では、20年後に手にするお金に約444万円もの差が生じます。

「怖そう」「面倒くさそう」という先入観を捨て、節税で浮いたお金などを利用してさっそく投資を始めましょう。

月々２万円ずつ投資すると…

20年後に手にするお金は
924万円
（年率リターン6%で計算）

月々２万円ずつ預金すると…

20年後に手にするお金は
480万円

フリーランスの人はおそらく誰でも、多かれ少なかれ、次のような悩みや不安を抱えているのではないかと思います。

「体が元気なうちはいいけど、この調子で働き続けることができるのだろうか」
「今は知り合いから仕事がもらえているけど、知り合いがみんな現役を退いたり現場から離れたりしたら、仕事が来なくなるのではないか」
「老後の生活を、不自由なく送ることができるのだろうか」

こうした不安を打ち消すためには、今のうちにお金を稼ぎ、ためておく必要がありますが、収入はそう急激に増やすことはできません。

頼みの綱の国民年金も、もらえるのともらえないのとでは大違いですが、それだけで十分に生活していけるだけの額ではありません。

「将来に備えて、今、自分にできることはないだろうか」

そのような思いから、この本を手に取られた方も、たくさんいらっしゃるのではないでしょうか。

私はこれまで、フリーランスの人が今、目の前にある生活を、そして将来を楽しく幸せに過ごすために必要不可欠なこと、すなわち、

・青色申告と小規模企業共済やｉＤｅＣｏを利用して、節税しつつ、退職金（老後の資金）もしくはいざというときの資金をつくること。

・国民年金や国民健康保険など、いざというときに頼りになる制度に、きちんと入っておくこと。

・お金をきちんと管理し、余計な支出（経費・家計費ともに）を省いて、手元に残るお金を増やし、生活費1年分以上の貯金をつくること。

の大切さについてお伝えしてきました。

PART7では、さらに話を一歩進めて、みなさんにより安心して今後の人生を過ごしていただくため、**「積極的にお金を増やす方法」**をご紹介したいと思います。

その方法とは……**「投資」**です。

もしかしたら、みなさんの中には、「投資」という言葉を目にして、とっさに「怖い」「面倒くさい」「難しそう」といった、ネガティブな気持ちを抱いた人がいるかもしれませんね。

実際、私のところに相談に来られるフリーランスの方でも、投資をやっている人は少なく、投資に対し拒否反応を示す人もいます。

そして、たいていみなさん、「ただでさえ生活に余裕がないのに、損をしたくない」「投資をやるならちゃんと勉強しなきゃいけないと思うけど、そんな時間はない」「一日中スマホやパソコンで値動きをチェックするなんて、とても無理」「そもそも、投資にまわすお金などない」とおっしゃいます。

しかし、私は断言します。

フリーランスの人こそ、投資をし、お金に働いてもらうべきなのです。

まずは、261ページの表を見てください。

これは、20年間、月々2万円ずつ銀行で積立預金した場合と、月々2万円ずつ、私がおすすめする方法で積立投資をした場合の、お金の増え方を示したものです。

いずれも、過去の実績に基づいて計算しています。

特に20年後、とても大きな差が開いていますよね。

月々2万円ずつ積み立てるという行為や手間自体は同じなのに、20年後に手にする金額には2倍近い差があります。

しかも、あとで詳しくお話しするように、この本で私がおすすめする投資方法は、非常にシンプルでわかりやすく、知識もいらず手間もかからず、損をしたり失敗したりするおそれがほとんどありません。

このやり方であれば、銀行への預金と同じ感覚で、投資をすることができます。

預金する先が銀行か証券会社か、くらいの違いしかありません。

さらに投資であれば、預金だけでは決してためることのできない額のお金を、ショートカットしてためることができるのです。

「投資は怖い」「面倒くさい」「勉強してから始めたい」などと言っている場合ではありません。

また、この超低金利時代、ほとんど金利がつかない銀行などにお金を預けても、意味はありません。

すでにお話ししたように、一定の額の貯金は備えておくべきですが、必要以上に持つべきものではありません。

安全、おトクにお金を増やすことができる投資を、まずは始めてみましょう。

なお、少しだけ真面目な話をすると、国民が「預金から投資へ」と投資行動を変化させるのは、政府が望んでいることでもあります。

多くの人はあまり意識していませんが、預金も立派な投資です。

みなさんが金融機関に預けたお金は、そこからさまざまな企業に融資されます。

つまり、預金者は、金融機関を通じて、企業に間接的に投資しているわけです。

そして、**日本人の投資行動は長い間、預金に偏《かたよ》っていました**。

特に戦後、荒廃した経済・産業を立て直すうえで、金融機関が国民の財産をいったん集め、それを企業に融資する、というシステムをつくる必要があったからです。

ところが、バブル経済の崩壊により、そのシステムが行き詰まりを迎えたため、近年、国は方針を変え、「国民が、金融機関に預けているお金を企業に直接投資し、長期運用すること」を望むようになりました。

実際、そうした政策を進めた金融庁の森前金融庁長官は「1000兆円の個人資産のうち、300兆円を投資に向けさせたい」と語っていたそうです。

加えて、少子高齢化の進展などにより、年金だけで国民の老後の生活を支えるのが難しくなったため、**国民一人ひとりが自分自身で老後の資金を作ることができるシステム**を作る必要がありました。

そこで生まれたのが、2018年1月にスタートした「**つみたてNISA**《ニーサ》」という制度です。

つみたてＮＩＳＡは、投資信託を積み立てていくので、初心者の方でも取りかかりやすく、できれば途中でやめていただきたくはないですが、売却も可能です。

投資の入り口としては最適な制度であるといえます。

国民がリスク（不確実性）を最小限におさえ、安心して投資できるようにするため、投資対象は「長期にわたって分散投資ができる、信頼性の高い投資信託」のみに限られており、「つみたてＮＩＳＡで得られた運用益は非課税となる」という、非常に大きなメリットが用意されています。

フリーランスの人のみならず、あらゆる日本人にとって、つみたてＮＩＳＡは「投資によって資産を増やすうえで、**またとない絶好の制度**」なのです。

今後、日本人にとっては、年金とつみたてＮＩＳＡこそが、老後の生活を支える柱となっていくはずです。

そして、私がおすすめする投資方法は、まさにこのつみたてＮＩＳＡを利用したものです。

繰り返しになりますが、積立預金をする感覚で、誰にでも簡単にでき、知識もいらず手間もかからず、損をしたり失敗したりするおそれはほとんどありません。

具体的なやり方については２６２ページ以降でお話ししますが、20年後に後悔しないためにも、みなさんにはぜひ、今すぐ始めていただきたいと思っています。

毎月２万円ずつでも、これだけ差がつく！

	預金した場合	投資した場合
年数	金額	金額
5年	120万円	139万円
10年	240万円	327万円
15年	360万円	581万円
20年	480万円	924万円

20年後の数字に注目。
444万円もお得。倍近い金額に！

注：投資は年率平均リターン6％で計算。
　　投資の金額は1000円以下切り捨てで表記。

· tax saving ·

投資をするなら、まずはつみたてNISAがおすすめ！

投資をせず老後を迎えるのは高リスク。やらない手はない

つみたてNISAは、国民が投資によって自分自身で老後の資金を準備できるようにするため、国がつくった制度であり、つみたてNISAを利用して得られた利益には税金がかかりません。

非常におトクな制度なので、使わないとむしろ損です。

つみたてNISAの口座で
500万円の利益が出ると…
税金が取られないから、

手元に残るのは500万円。
つまり、100万円得する！

通常の口座で
500万円の利益が出ると…

100万円を税金に取られ、
手元に残るのは400万円のみ。

この本で私がおすすめする投資方法は、非常にシンプルです。

ネット証券（楽天証券かＳＢＩ証券）の口座を開き、

つみたてＮＩＳＡで、「楽天・全世界株式インデックス・ファンド」（楽天ＶＴ）という投資信託を買う。

ただ、それだけです。

月々、いくらずつ投資にまわすかは、みなさんのご判断にお任せします。

生活費１年分以上の貯金があり、小規模企業共済の掛金を払い、さらに余裕がある人であれば、つみたてＮＩＳＡでは年間40万円まで投資信託を買うことができますから、月々約３万３０００円分ずつ、楽天ＶＴを買ってもよいでしょう。

しかし、貯金の額が十分でない人、あまり余裕がなくて、小規模企業共済の掛金もさほど払えないという人であれば、**月々1000円でも3000円でも**、無理のない範囲でかまいませんから、**とにかく投資を始めてみましょう**。

さて、冒頭でいきなり、「やるべきこと」「買うべきもの」をお伝えしてしまいましたが、おそらくみなさんの中には、「つみたてNISAって何？」「楽天VTって何？」「そもそも、ネット証券の口座って、どうやって開けばいいの？」と思った人もいるでしょう。

そのため、ここでは「つみたてNISA」について、簡単に説明しておきたいと思います（楽天VTについては274ページ以降で説明します）。

すでにお話ししたように、つみたてNISAは「国民が直接投資をしながら、時間をかけて自分の資産をつくることができる」ことを目的として、2018年1月にスタートした制度であり、次のような特徴・メリットがあります。

・つみたてNISAの口座では、金融庁が認めた、一定の条件を満たす投資信託やETFの積立購入しかできない。

・つみたてNISA専用の口座で、積立で投資信託やETFを買った場合、それによって得られた利益には20年間、税金がかからない。

・非課税投資枠は年間40万円である。

ちなみに投資信託とは、「投資家から集めたお金（ファンド）を、投資のプロであるファンドマネジャーが運用し、その成果に応じて、収益を投資家に分配する」というものです。

投資家が、ファンドマネジャーを信頼して運用を託すから「投資信託」と呼ばれているわけです。

ファンドマネジャーは、たくさんの投資家から集まった膨大《ぼうだい》なお金で、日本中もしくは世界中の企業などの株式や債券を買い、運用します。

つまり投資信託は、**複数の銘柄の株式や債券などの詰め合わせパックのようなもの**であり、「投資家が、少ない資金で、複数の企業などに分散投資できる」という大きなメリットがあります。

「投資」と聞くと、多くの人は「株式（個別株）を買うこと」を連想されるのではないかと思います。

株式には、一株100円や200円で買えるものもありますが、いわゆる一流企業の株式になると数千円、数万円のものが多く、最低取引株数（単元株）は100株からと決まっています。

たとえば、一株4000円の会社の株式を100株買うためには、最低でも40万円の資金が必要となるわけです。

また、株式への投資で損をするリスクをおさえるためには、複数の銘柄の株式を買う必要があります。

一つの銘柄の株式だけしか持っていないと、その会社の株価が暴落したとき、大きな損失が発生してしまうからです。

複数の銘柄を持っていれば、たとえある会社の株式で損失が出ても、別の会社の株式で利益が上がれば、損失を減らす、もしくは利益を出すことができますが、そのためにはさらに多くの資金が必要になりますし、「どのような銘柄を組み合わせたらよいか」といった勉強や研究も必要となります。

ところが、投資信託なら、一つの商品を買うだけで、簡単に分散投資ができてしまいます。

投資先はファンドマネジャーが考えてくれるので、投資家が頭を悩ませる必要はありません。

加えて、投資信託を月1回、決まった日に積立で購入すれば、買うタイミングによって損をするリスクも分散できます。

このように、安く、簡単に分散投資ができ、失敗する可能性が少ないため、投資信託は初心者にも優しく、手を出しやすい商品であるといえるでしょう。

ただ、投資信託にも、ローリスク・ローリターンの堅実なものから、ハイリスク・ハイリターンのものまでさまざまな商品があり、中には「高利回り」などの甘い言葉で購入者の興味を引きつつ、結局は販売している金融会社のみが儲《もう》かるような、ひどいものもあります。

その点、**つみたてNISAで買えるのは、金融庁が認めた商品**ばかりであり、安全性・信頼性はかなり高いといえます。

そして、つみたてNISAの口座では、20年間に、最大で800万円分の投資信託を積立で買うことができます。

前述した、月の積立上限額の約3万3０００円を、仮に5%の利回りで運用したとすると、20年後に得られる利益は５７０万円前後です。

通常の口座（課税口座）なら約20%の税金（約１１４万円）が引かれますが、つみたてＮＩＳＡの口座なら全額免除されるのです。

通常の口座なら、４５０万円程度になってしまう手取りの利益が、つみたてＮＩＳＡの口座なら**５７０万円まるまる手に入る**。

この差は大きいと思いませんか？

さらに、つみたてＮＩＳＡの口座で買った投資信託は、いつでも解約して現金に換えることができます。

万が一、まとまった現金が必要になった場合は、銀行などへの預金同様、「おろす」ことも可能なのです。

もっとも、一度投資信託を買ったら、その分の非課税投資枠は、たとえ途中で解約しても復活しません。

20年かけて800万円分の投資信託を買ったとしても、途中で200万円分を解約してしまうと、最終的に非課税メリットを受けられるのは600万円分だけとなります。

261ページの表を見ていただければわかるように、投資は時間が経てば経つほど、複利効果（294ページ参照）によって、どんどん利益が大きくなりますから、つみたてNISAの非課税メリットを最大限に活かし、得られる利益を最大化するためには、途中で解約せず、長期運用する必要があります。

ですから、つみたてNISAで投資信託を買う場合には、できるだけ、当分使う予定のない余剰《よじょう》資金で購入するようにしましょう。

なお、つみたてNISAの口座を持つためには、ネット証券の口座（総合取引口座）を開く際に、手続きを行う必要があります。

「NISAもしくはつみたてNISAの口座をつくるかどうか」を確認されるので、「つみたてNISA」を選びましょう。

NISAの口座とつみたてNISAの口座は別ものであり、同時に両方持つことはできないので、誤ってNISAの口座を選ばないよう注意してください。

いずれかの証券会社に、すでに総合取引口座を持っている方は、ネットもしくは店頭で、新たにつみたてNISA口座の開設を申し込みましょう。

左のページのコラムにも書いたように、私はつみたてNISAでもiDeCoでも、楽天VTの積立購入をおすすめしています。

投資方法は基本的には同じですから、ご自身の経済状態や価値観、ライフプランに合わせて、つみたてNISAとiDeCoのいずれかを利用し、あるいは両方を併用し、節税しながら効率よく老後の資金をつくりましょう。

つみたてNISAとiDeCo、どちらがおトク？

　基本的にどちらの制度も「国が用意した新しくおトクな投資制度」です。つみたてNISAとiDeCoは、制度の目的は異なりますが、長期的な非課税運用で資産形成を目指すというベースは一緒。長期にわたって投資をすることで、リスクを下げ、かつリターンを増やすことを目的にしています。

　なお、つみたてNISAとiDeCo、いずれの制度を利用した場合でも「楽天・全世界株式インデックス・ファンド」（楽天ＶＴ）を購入することをおすすめします。繰り返しになりますが、つみたてNISAで楽天ＶＴを買って投資をするか、iDeCoで楽天ＶＴを買って投資をするかなのです。

　大きな違いは一つ。

　いつでもお金をおろせるのが、つみたてNISA。

　原則60歳までお金を受け取れないのがiDeCoです。

　iDeCoは、現役時代に節税しながら掛金を払い込んでいきます。仕組み上お金を下ろせないため、半ば強制的に、しかし確実に老後資金ができます。

　一方、つみたてNISAは、１円単位からいつでもお金をおろせます。購入した投資信託を売れば、約１週間で銀行口座に入金されるので、いざというときにも使いやすいのが利点。

　つみたてNISA、iDeCo、それぞれに特徴がありますので、どちらが自分のライフスタイルに合うか考えてみてください。

　もちろん、両方できるのがベストです。

· tax saving ·

あなたの将来を「世界最強の会社」に任せよう

投資初心者はここからスタート。現時点では間違いなく最強

つみたてNISAで買うべき商品は、「楽天・全世界株式インデックス・ファンド」（楽天VT）という投資信託です。

楽天VTは、世界最強の運用会社の商品を日本で簡単に買えるようにしたものであり、現時点では、資産を増やすうえで最適の商品です。

楽天VTをつみたてNISAで買うと

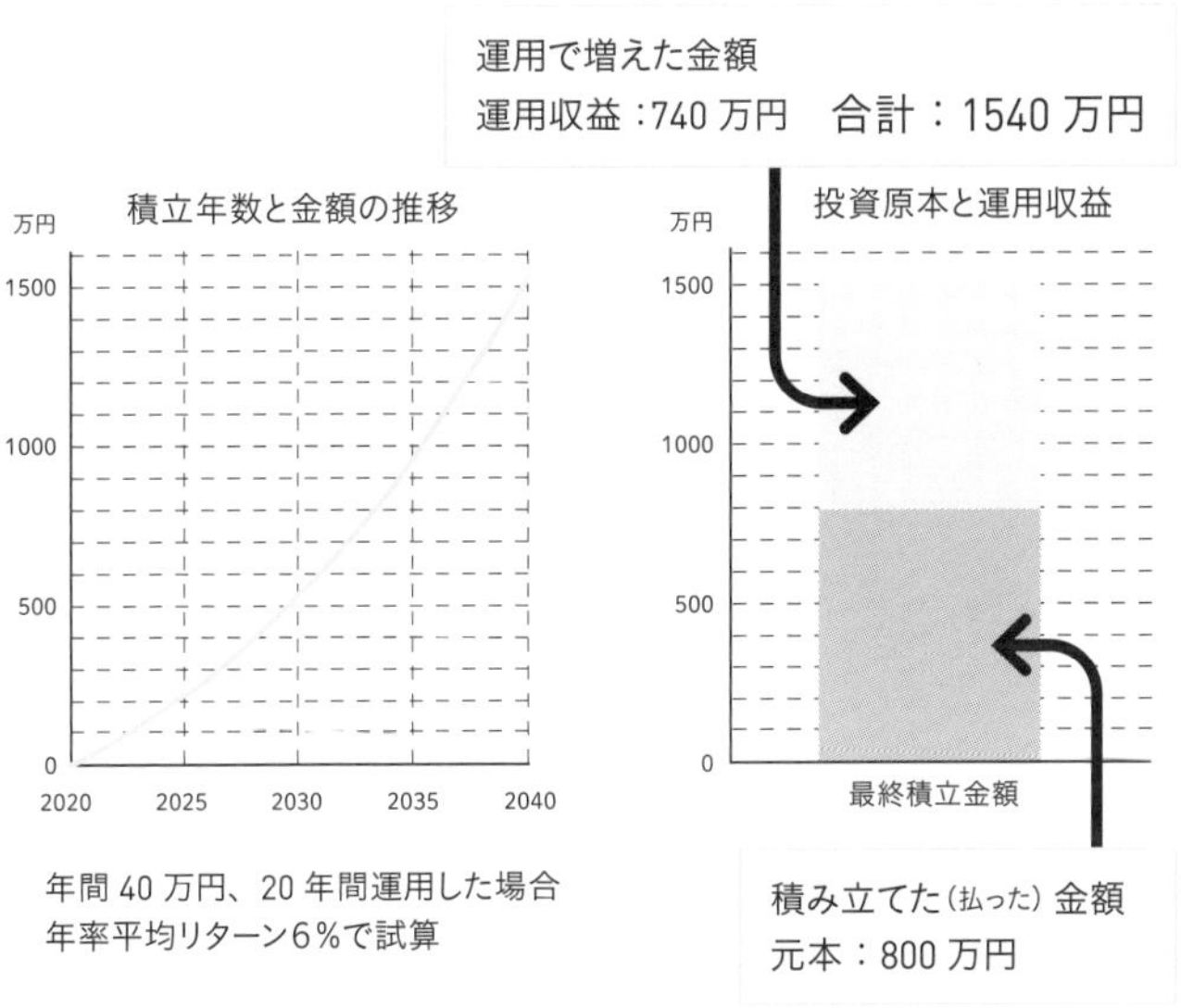

年間40万円、20年間運用した場合
年率平均リターン6％で試算

続いて、264ページでお伝えした、つみたてNISAでの購入をおすすめしたい商品、「楽天・全世界株式インデックス・ファンド」（楽天VT）についても説明しておきたいと思います。

少々難しい話も出てきますが、「どんな商品なのか、きちんと知ったうえで買いたい」という人は、ぜひ読んでみてください。

私が楽天VTをおすすめする理由は、何といっても、

- **信頼性の高さ**
- **投資効果（利回り）の高さ**
- **コストの安さ**

にあります。

楽天VTは、「楽天・バンガード・ファンド（全世界株式）」とも呼ばれています。

このうち楽天というのは、楽天VTの運用会社である楽天投信投資顧問、バンガードというのは、アメリカの投資運用会社・バンガード社の社名から来ています。

楽天VTは、楽天投信投資顧問とバンガード社の提携によって誕生した商品なのです。


そして、**バンガード社**は、個人投資家の利益を追求する運用会社として深く信頼され、「**世界最強の運用会社**」ともいわれています。

2020年3月末時点で、バンガード社の運用資産の総額は約5・3兆ドル。

これは、世界最大の資産運用会社であるアメリカのブラックロック社の約7・4兆ドルに次ぐ第2位の額であり、運用資産が多いということは、資産の運用を任せる投資家が多いということ、つまり信頼されているということです。

いずれバンガード社の運用資産総額は、ブラックロック社を抜いて、世界第1位になるのではないかともいわれています。

そんなバンガード社の商品の中でも、特に知名度の高いものの一つが、世界40か国強の主要企業の株式を投資対象とした「バンガード・トータル・ワールド・ストックＥＴＦ」（ＶＴ）です。

ＶＴは、40か国強、８１００銘柄強の大型・中型・小型株で構成されている「ＦＴＳＥ®グローバル・オールキャップ・インデックス」を指標としており、全世界の投資可能な市場時価総額の、実に98％以上をカバーしています。

ＶＴを買うだけで、広く世界中に分散投資でき、損をするリスクを低くおさえられるのです。

ＶＴは、利回りも優れています。

ＶＴを直近１年／３年／５年／10年運用した場合のトータルリターン（投資金額に対する利益率を、価格の値動きと分配金の両方を考慮して算出したもの）は、

283ページの表の通りです。

2021年3月末の段階で、VTにはアメリカの株式が50％強、国内株式も8％弱組み込まれており、マイクロソフト、アップル、アマゾン・ドット・コムなど、名の知られた企業の株式が、銘柄構成比率の上位に並んでいます。

新興国への投資比率は、たとえば中国株式が5％弱、インド株式が1％強と、あまり多くありません。

そのため、アメリカ株式ばかりを集めた投資信託や、ハイリスク・ハイリターンになる傾向が強い新興国の株式ばかりを集めた投資信託などに比べると、やや利回りは低くなりますが、リスクをできるだけおさえつつ、7～12％の利回りを確保しているのは十分に素晴らしいことではないかと、私は思います。

楽天VTは、VTを日本の個人投資家にも手軽に買えるようにした商品であり、こうしたＶＴのメリットをすべて兼ね備えているのです。

楽天ＶＴには、ほかにももう一つ、大きなメリットがあります。
それは、「**圧倒的なコストの安さ**」です。

投資信託を購入し運用すると、通常、

・購入時手数料（販売手数料）
・信託報酬《ほうしゅう》（投資信託の運用管理費用）
・信託財産留保額（中途解約手数料のようなもの）

といったコストがかかりますが、投資で失敗しないためには、こうしたコストをできるだけ低くおさえることが重要です。

　このうち、信託報酬とは、運用会社や販売会社に支払う手数料のことで、運用している資産の残高に対し、毎年一定の料率で発生します。

　信託報酬の相場は年率0・1〜2％程度ですが、利益が出ようと損失が出ようと、投資信託を運用している間ずっと発生し続けるため、長期にわたって投資信託を保有する場合は、できるだけ料率の低いものを選ぶ必要があります。


　わかりやすくいうと、信託報酬1％（年率）の投資信託を運用し、3％の利益（年率）が出たとしても、手元に残る利益は、信託報酬を引いた2％分となります。

　1％以下の利益しか出なかったり、損失が出たりした場合は、信託報酬の分だけマイナスになってしまうわけです。

　信託報酬が1％違えば、投資信託の保有期間が長くなるほど、最終的に得られる利益が大きく変わってきます。


　バンガード社の商品は、信託報酬の低さでも定評があり、VTの信託報酬の料率は約0・08％、楽天ＶＴの信託報酬を含むトータルコストは約0・21％です（2021年3月現在）。

楽天ＶＴには楽天投信投資顧問の信託報酬等が上乗せされるため、ＶＴを直接買うよりは高くなってしまいますが、相場からすると十分に低い料率だといえるでしょう。

以上が、私が自信を持って楽天ＶＴをおすすめする理由です。

投資の世界は日々変化していきますから、今後、さらに優れた商品が登場する可能性もありますが（その際は私のツイッター、ブログ、書籍などでお知らせします）、現時点では、楽天ＶＴこそ、みなさんの資産を増やすうえで最適の商品だと私は考えています。

VT のトータルリターン（年率）

期間	トータルリターン（年率）
1 年	-1.08%
3 年	12.18%
5 年	7.84%
10 年	10.80%

注：2019 年 7 月末時点、円貨ベース。モーニングスター調べ。

・tax saving・

一度、投資を始めたら、2～3年は続けてみよう！

短期の値下がりに惑わされない。コロナ禍でも続けた人が得している

投資は、基本的には長く続ければ続けるほどお金が増え、損をするリスクも下がります。

逆に、最初の1〜2年は、なかなかお金が増えません。

一度投資を始めたら、まず2〜3年は続けてみましょう。

そうすれば、預金よりもおトクであることを実感できるはずです。

楽天 VT を年 40 万円分ずつ買い、20 年間持ち続けると…

700 万円以上の利益を手にする可能性がある。

せっかく買った楽天 VT を、すぐに売ってしまうと…

たいした利益は得られず、場合によっては元本割れすることも。

さて、投資を始めるに当たり、みなさんにぜひ、心に留《と》めておいていただきたいことがあります。それは、

つみたてNISAで購入した楽天VTは、何があっても、最低でも2～3年は売らずに保持してください

ということです。

実は、2020年4月頃、私の元に厳しいご意見が寄せられたことがありました。私はほかの著書でも、読者のみなさんに投資をおすすめしているのですが、新型コロナウイルス・ショックにより、楽天VTを含め、多くの投資信託の価額が下がってしまったからです。

みなさんの中にも、「コロナショックによって株価が暴落した」というニュース

を見聞きし、「やっぱり投資は怖い」と思った人もいるかもしれませんね。

たしかに、投資において「絶対」「確実」はありません。

２９４ページのグラフは、過去の市場の動きを示したものですが、「市場は読めるものではなく、安定したものでもない」ということがおわかりいただけると思います。

投資の最大のリスクは、「長期的な不況が、老後資金を確実に守りたい60～70代頃に訪れること」です。

その危険性がゼロではないということを頭の中に入れ、こうしたタイミングで投資信託を手放さなくて済むよう、いざというときに使える資金（貯金など）を準備しておくなり、恐慌《きょうこう》などの影響を受けにくい公社債などに資産を分散させるなりしておいた方がよいかもしれません。

ただ、やはりグラフを見ていただければわかるように、たとえ恐慌が起こり、一時的に暴落しても、**短くて3年、長くて10年ほど経てば、市場は回復し、暴落時の影響を吸収したうえで、右肩上がりの成長をしています**。

実際、コロナショックによる暴落の後、楽天VTの価額は再び上昇し、2021年4月時点で、暴落前の価額を大きく超えています。

つまり、「お金に余裕がなく、長年の運用によってつくった資産を、今すぐ全部解約して使わなければいけない」という状態でさえなければ、恐慌時や暴落時は、むしろ投資信託を安く手に入れるチャンスであるともいえるのです。

ふだんは積立で買っている人でも、こういうときこそ「買いどきだ」と考え、無理のない範囲で、スポット（一括）で買い増しをするのもありだと、私は思います。

楽天VTのような全世界型の商品の運用が決定的に破たんするのは、基本的には、世界経済が成長を完全にやめたとき、決定的に破たんするときです。

しかし、そのときはおそらく、金融機関への預貯金も含め、すべての投資が破たんするでしょう。

全世界型の商品に投資をするのは「世界の、今後の経済成長に懸《か》ける」ことです。

みなさんの中には「この投資のやり方は本当に正しいのか？」という疑問を持つ方もいらっしゃるかもしれませんが、実はそれが**一番合理的**なのです。

なお、投資を始めた人からは、よく「最初の1、2年はなかなか利益が出ず、『このやり方を続けていていいのだろうか』と思った」といった言葉も聞きます。

しかし、**最初のうち、利益があまり出ないのは当たり前**のことです。

投資の効果は、ある程度時間が経ってから表れるものだからです。

そして、そのカギとなるのが「複利効果」です。

銀行などにお金を預けると利息がついてきますが、預けたお金（元本《がんぽん》）に対する利息の割合を示したものを「利率《りりつ》」といいます。

利息の額は「元本×利率」で計算でき、元本が大きくなれば、利息の額も大きくなります。

一方、投資の世界で「利率」に相当するのが、「利回り」です。

これは投資したお金（元本）に対し、毎年どれほどの利益が得られるかを示すものであり、やはり元本が大きくなれば、得られる利益も大きくなります。

そして「複利」とは、投資によって得た利益を再投資し（元本に組み入れ）、元本を少しずつ大きくすることによって得られる、より大きな利益のことを指します。

複利の場合は、いわば「**利息が利息を生む**」状態となり、時間が経てば経つほど、お金は加速度的に増えていきます。

最初のうちはあまりお金が増えなかったり、赤字になったりしても、数年後には、元本割れする可能性はきわめて低くなりますし、超低金利時代の今、銀行などに預けておくよりも、確実にお金は増やせるはずです。

フリーランスの人の将来にとって、つみたてＮＩＳＡによる資産づくりは、国民年金や小規模企業共済、ｉＤｅＣｏと同じくらい大事な命綱です。

フリーランスの人が貯金だけで、20年間で１８００万円をためるのは大変です。でも、過去の実績からすると、つみたてＮＩＳＡで毎年40万円分ずつ、20年間楽天ＶＴの積立を続ければ、容易に実現可能なのです。

２０１６年に出版した『はじめての人のための３０００円投資生活』、２０１９年に出版した『**貯金感覚でできる3000円投資生活　デラックス**』でもご紹介してきましたが、投資を続ける効果は絶大です。

投資を続けていくということは、常に家計を見直し、お金を管理し続けることにもつながりますから、自然と貯金も増えやすくなります。

すでに投資を始めている人たちの中には、

・40代夫婦　８年で：貯蓄４００万円が１２２９万円に！
・50代夫婦　10年で：貯蓄ゼロが１３４８万円に！

など信じられないほど投資の結果が出ている方が本当にたくさんいます。

２７５ページでもご紹介したように、楽天ＶＴを年40万円、20年間運用すれば１５００万円もの貯蓄ができますし、生活費１年分の貯金を合わせれば、１８００万円以上の貯蓄もまったく無理ではないのです。

できる範囲でかまいませんから、お金をしっかり管理し、ムダな支出を減らし、毎月歯を食いしばってでも、つみたてＮＩＳＡでの投資を続けましょう。

また、フリーランスの人にとって、「将来的に厚生年金も退職金ももらえず、国民年金だけを頼りに生きていかなければいけないかもしれない」と思うことは、かなりのストレスやプレッシャーになるかもしれませんが、退職金は小規模企業共済や iDeCo でつくることができます。

さらに、つみたて NISA で投資を続ければ、厚生年金がない分をカバーして余りある資産を手に入れられる可能性があるのです。

とにかく、最初はどんなにつまらなくても、買った商品を持ち続けること。

不況のときこそ、バイ・アンド・ホールド（金融商品を買い、保持すること）。

この2つを心がけてください。

なお、楽天VTは投資を始めるにはぴったりの商品ですが、投資信託一つだけを持ち続けるより、複数の投資信託を購入する方がリスクは減ります。

詳しい投資法は、『貯金感覚でできる3000円投資生活　デラックス』に記していますので、ぜひこちらもお読みください。

過去の市場暴落（過去 85 年実績 1926 年～ 2011年 12 月）

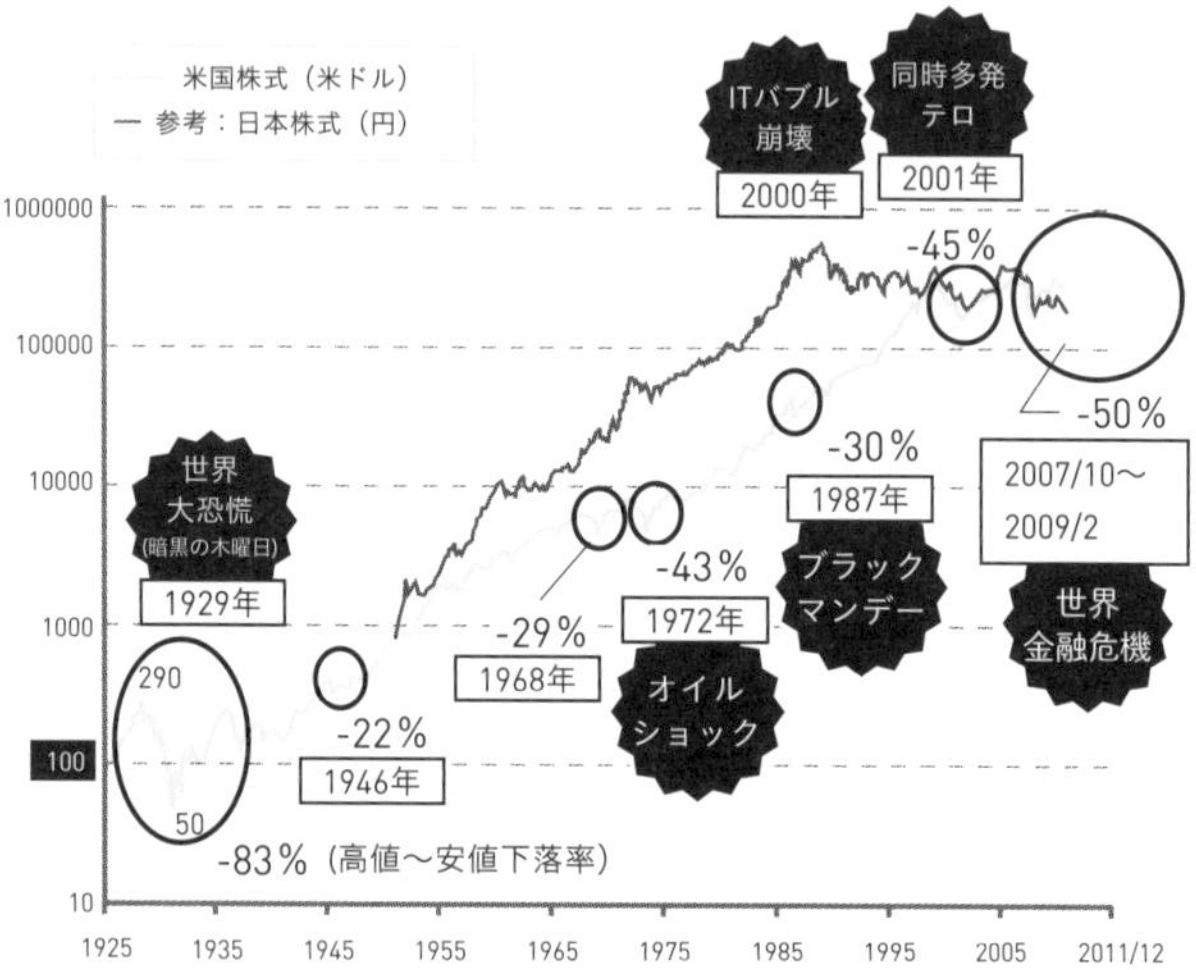

米国株式（米ドル）
参考：日本株式（円）
1000000
100000
10000
1000
100
10
1925
1935
1945
1955
1965
1975
1985
1995
2005
2011/12
世界
大恐慌
(暗黒の木曜日)
1929年
290
50
-83%（高値～安値下落率）
-22%
1946年
-29%
1968年
-43%
1972年
オイル
ショック
-30%
1987年
ブラック
マンデー
ITバブル
崩壊
2000年
同時多発
テロ
2001年
-45%
-50%
2007/10～
2009/2
世界
金融危機

©2009-2012　わたしのインデックス　http://myindex.jp

複利効果

1 年目　元本
2 年目　元本　1 年目の利益
3 年目　元本　2 年目の利益
4 年目　元本　3 年目の利益

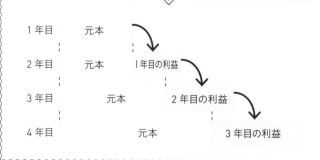

コラム

貯金、小規模企業共済、つみたてNISA、iDeCo…。何から手をつけたらいいか悩んだら

この本に書いてきたようなお話をすると、よく「貯金、小規模企業共済、つみたてNISA、iDeCoのうち、何から始めたらいいかわからない」というご質問をいただきます。

年齢や貯金の額、所得、家族構成など、人それぞれ状況が異なるため、一概にはいえないのですが、私は次のような手順がいいのではないかと思っています。

①家計や経費をしっかり管理し、これまで白色で確定申告をしていた人は青色に切り替える。無理のない範囲で小規模企業共済またはiDeCoを始め、各種控除

をしっかり利用し、節税してお金の余裕を増やす。
②生活費1年分ためることを目標に貯金をしながら、無理のない範囲でつみたてNISAを開始する。
③生活費1年分以上の貯金ができたら（または、めどが立ったら）、どの程度までなら無理なく払えるかを考えながらつみたてNISAや小規模企業共済、iDeCoの掛金を増額。さらに節税しながら将来のためのお金を用意する。

フリーランスの人が生活を守るためには、やはりいざというときに使えるお金は必要であり、まずは家計を見直し、経費や生活費のムダ遣いをおさえ、貯金体質になっていただいたほうが、後々のためにもよいと思います。

しかし、1年分以上の生活費をためるまで待っていたら時間がかかってしまうため、ある程度継続して貯金ができるようになったところで、つみたてNISAを始めましょう。

「投資をするようになってから、節約が楽しくなった」「少しでも投資にまわそうと思うようになり、ムダ遣いをやめた」という人もたくさんいます。

貯金や投資ができるようになり、つみたてＮＩＳＡや小規模企業共済、ｉＤｅＣｏにまわすお金を増やせるようになれば、もうあなたはお金の上級者です。

小規模企業共済やｉＤｅＣｏで節税した分を貯金、投資にまわすなど、よいループが生まれ、どんどん資金が増えていく状態をつくることができるでしょう。

補足

セーフティネット

この章で学べること

1 フリーランスの人が利用できるセーフティネットには、どんなものがあるか?

2 困ったときにはどこに相談に行けばいいのか?

3 債務整理の方法

4 クライアントからのハラスメントへの対処方法

・tax saving・

まずは自治体、自立相談支援機関に相談しよう

生活に困ったら制度の確認。自分の身を守るのが最優先

平成27年４月から、生活困窮者の支援制度が始まっています。地域の相談窓口、地元の自立支援機関などで相談ができますが、もしわからなければ自治体に問い合わせをしてください。

資金が不足したり生活が困窮したりした場合は、まず第一に相談するべきです。

代表的な支援の紹介

自立相談支援事業

支援員が相談を受けて、どのような支援が必要かを相談者と一緒に考え、自立に向けた支援を行う。

家計相談支援事業

相談者が自ら家計を管理できるように、支援計画の作成、相談支援、必要に応じて貸し付けのあっせんなどを行い、早期の生活再生を支援。

一時生活支援事業

住居を持たない方、またはネットカフェ等の不安定な住居形態にある方に、一定期間、宿泊場所や衣食を提供。就労支援などの自立支援も行う。

住居確保給付金の支給

離職などにより住居を失った、または失うおそれの高い人に、就職に向けた活動をするなどを条件に、一定期間、家賃相当額を支給。

生活困窮世帯の子どもの学習支援

子どもの学習支援をはじめ、日常的な生活習慣、居場所づくり、進学に関する支援など、子どもと保護者の双方に必要な支援を行う。

そのほか、就労準備支援事業・就労・訓練事業など

これまで、フリーランスの人のためのお金の管理の仕方、青色申告や小規模企業共済を利用した節税の仕方や老後の資金のつくり方、つみたてＮＩＳＡを利用した資産の増やし方についてお話ししてきました。

会社によっていろいろと守られているサラリーマンに比べ、フリーランスの人には、「保障」がほとんどありません。

２０２０年、新型コロナウイルスの影響により、客足が落ちたり、活動の自粛を余儀なくされたりしたため、飲食業やエンターテインメント関係者が苦境に陥り、話題となりましたが、災害などによって仕事がなくなったとき、フリーランスの人の生活を保障してくれるものはありません。

あるいは、病気やケガをして働けなくなったり、何らかの理由で仕事が減ったりしたとき、サラリーマンなら支給される傷病・休職手当金や雇用保険（失業給付金）などが、フリーランスの人にはありません。

生活費1年分以上の貯金や小規模企業共済、つみたてＮＩＳＡでの資金形成などにより、いざというときの対策を自分自身でとらなければならないのです。

ただ、人生には何が起こるかわかりません。

どれほど自衛の手段をとっていても、病気やケガが長引いたり、不況などにより仕事が減ったりして、たくわえた資金だけではやっていけなくなるかもしれません。そんなとき、フリーランスの人が利用できるセーフティネットにはどのようなものがあるのか、２０１５年につくられた生活困窮者自立支援制度などを参考にし、私なりに考えてみました。

これらの制度は、要件がわかりにくく、自分が該当するかどうか判断できないという声が非常に多いのですが、せっかく制度として存在するのですから、もし使えるものがあるなら、利用するべきだと思います。

ここではまず、フリーランスの人の状況を大きく3つに分け、それぞれにとることのできる手段をご紹介しましょう。

①フリーランスを続ける意思がない人、または続けられる状況にない人

税務署に「個人事業の開業・廃業等届出書」を提出し（青色申告をしていた人は「青色申告の取りやめ届出書」、消費税を納めていた人は「事業廃止届出書」も一緒に提出）、小規模企業共済に入っている人は、共済金Aを受け取る手続きをし、当面の資金を準備します。

そのうえで、お住まいの**市区町村の役所の生活支援窓口**に相談してみましょう。ハローワークとの連携による就労支援を受けられるほか、貯金額や収入などにもよりますが、再就職を考えている人には、以下のような制度が用意されています。

・家賃の支払いが困難になった人は、「働く能力と再就職の意欲があり、ハローワークへ求職申し込みを行う」など一定の条件を満たせば、家賃に相当する金額を原則として3か月間支給してもらえる「**住宅確保給付金**」を受けられる可能性

がある。

・雇用保険（失業手当）を受給できない人が、ハローワークの支援により職業訓練を受講する場合、一定の条件を満たせば、月々10万円の職業訓練受講給付金を受けることができる。

なお、会社員の人が失業した場合には雇用保険をもらうことができますが、フリーランスの人は雇用保険の適用外のため、基本的にはもらえません。

ただし、事業を開始する前に会社勤めなどをしていて雇用保険の受給資格を持っており、所定の雇用保険給付日数が残っている場合は、廃業届を出すことにより、**基本手当の受給を受けられる**場合があります。

念のため、ハローワークで確認してみましょう。

②フリーランスを続ける意思があり、小規模企業共済に入っている人

現在、フリーランスとしての仕事がない人は、やはり税務署に個人事業の廃業届

を提出し、いったん共済金Aを受け取って、当面の資金を準備しましょう。

生活を立て直し、事業再開のめどが立てば、事業届を再提出することもできます

し、年齢によりますが、小規模企業共済に再加入することも可能です。

何らかの事情で廃業届を出したくない人は、元本割れのおそれはありますが、小

規模企業共済の解約手続きをし、当面の資金を準備しましょう。

そのうえで、いったんお住まいの市区町村の役所の生活支援窓口へ行き、受けら

れる支援がないか、確認しましょう。

③フリーランスを続ける意思があり、小規模企業共済に入っていない人

すぐ市区町村の役所の生活支援窓口に相談し、生活福祉資金の貸し付けを受ける

なり、生活保護の申請をするなりしましょう。

どのような生活支援制度があるかは、自治体によって異なりますが、医療費など

の支払いが困難な人への資金の貸付制度や、ひとり親のご家庭を対象とした、お子

さんの進学に必要な資金の貸付制度などが用意されていることもあります。

いずれの場合も、

完全ににっちもさっちもいかなくなる前に、早めにお住まいの地域の役所や社会福祉協議会などの窓口に相談することが大事です。

まずは一度、生活を立て直すことを考えましょう。

tax saving

借金がある人は債務整理を考えるべきである

どうしても返せないなら、債務整理で人生のリスタートを

もし生活苦から借金をし、どうしても返せる状態でなければ、債務整理をすることを考えましょう。

特に、生活保護の申請を考えている人は、自己破産をした方がいいかもしれません。

まず考えるべきなのは、あなたや家族の人生を守ることなのです。

債務整理をすると…

気持ちが軽くなり、先のことを建設的に考えられるようになる。

債務整理をしないと…

借金の返済に追われ、生活を立て直すことができない。

私は今まで、数多くのフリーランスの人の相談を受けてきましたが、中には、借金を抱えている人もたくさんいらっしゃいました。

お金が管理できておらず、収入（手取り）に合わない生活を続けた結果、借金を重ねることになってしまった人もいれば、収入が減り、生活していくために、あるいは事業を継続するために、借金をせざるをえなかった人もいます。

もちろん、その時点での収入や借金の額などにもよりますが、こうしたご相談者に対し、債務整理をおすすめすることも少なくありません。

みなさんの中にも、もし借金の返済に苦しんでおり、生活が立ち行かなくなっている人がいたら、債務整理を検討してみてください。

債務整理とは、金融機関と交渉し、合法的に借金を減額、もしくはゼロにすることで、次の4種類があります。

①任意整理……弁護士などを介して、金融機関と交渉し、借金の減額や返済方法

の変更を行う。場合によっては、払いすぎていた金利分が戻ってくることもある。

②特定調停……裁判所に特定調停の申し立てをし、自分で借金の減額や返済方法の交渉を行う。任意整理に比べて、大幅な減額をするのは難しい。

③個人民事再生…裁判所に個人再生の申し立てをし、借金の減額や返済方法の変更を行う。返済が継続できる収入があることが、利用できる条件。借りたお金の総額が5000万円以下なら10分の1以下に、3000万円以下なら5分の1以下に減額することも可能で、任意整理より大幅に借金を圧縮できる。官報に氏名や住所が載る。

④自己破産……裁判所に自己破産の申し立てをし、借金をゼロにする。基準を超えた財産が没収される、官報に氏名や住所が載る、手続き中は職業や資格に制限がかかる、税や社会保険料、罰金などは免責にならず、払うまで残る、といったデメリットがある。

どの債務整理を使っても個人信用情報機関に事故として登録されるので、新たにクレジットカードを作ったり借り入れたりすることが一定期間できなくなります。

なお、金融機関との交渉を弁護士や司法書士に依頼する場合は、成果報酬が発生します。

まずは信頼できる法律家を探して依頼するのがよいのですが、身近に法律専門家がいない場合、費用の捻出《ねんしゅつ》が難しい場合は、お近くの「法テラス」に相談しましょう。法テラスでは、経済的に困っている人を対象に、無料の法律相談も実施していますし、適した法律専門家を紹介してもらったり、費用を立て替えてもらったりすることもできます。

また、生活保護の申請を考えていて、かつ借金を抱えている人には、自己破産をすることをおすすめします。

借金があっても生活保護を受けることはできますが、借金を返しながら生活保護を受けることはできません。

そして、先に挙げた債務整理の①〜③の方法では、借金はなくならないため、返済の義務が生じますし、もし生活保護を受けている間に借金を返したことがわかれば、生活保護の打ち切りなど、ペナルティーを科されることもあります。

ですから、**自己破産をしてから生活保護を受給する**、または生活保護を受給すると同時に自己破産をすることがよいとされています。

法テラスを使った場合、手続きが終了しても、生活保護が必要な状況なら、費用が免除されるからです。

「借りたお金は返さなきゃいけない」という義務感や責任感から、債務整理に二の足を踏んでしまう人は少なくありません。

たしかに債務整理は「最後の手段」ではありますが、**ご自分や家族の人生を守るため**にも、まずは一度借金を整理し、生活を立て直すことを優先させましょう。

tax saving

不況のとき、仕事がないときこそ気をつけたいハラスメント

フリーランスは立場的に…と考えがちな人、よくありません

収入が減ると、不安から、ついどんな仕事でも受けてしまいがち。

でもそのために、クライアントからのパワハラに遭うおそれもあります。

「質の悪い仕事」をきちんと断るためにも、ふだんから、いざというときのための資金を準備しておきましょう。

いざというときの資金があると…

お金にも気持ちにも余裕があるため、クライアントからのハラスメントに、きちんと対抗することができる。

いざというときの資金がないと…

クライアントからハラスメントを受けても、お金に余裕がないため、強く断ることができない。

会社によって守られていないフリーランスの人は、あらゆる場面において、どうしても弱い立場に立たされることが多くなります。

ふだんから、ギャラ交渉などにおいて、どうしても強く出られなかったり、ついつい無理な要求を聞いてしまったり、といった人は少なくないと思いますが、フリーランスの人は、どうしてもクライアントからのパワーハラスメントの被害に遭いやすい傾向があります。

それが特に顕著《けんちょ》になるのが、本人の加齢や不況などにより、仕事が減ってしまったときです。

仕事が少なくなると、人はどうしても生活のことが心配になり、ふだんなら断るような相手の仕事や、条件のよくない仕事でも、ついつい引き受けてしまったりするからです。

しかし、そのような状態に陥っても、

できるだけ自分の身を守るための手段をとるよう心がけましょう。

「少しでもお金が欲しいから」「生活が心配だから」と、やたらと仕事を入れ、ストレスを抱えたり睡眠を削ったりした揚げ句、心身の健康を崩してしまっては、元も子もありません。

まず、初めてのクライアントや、お金に関してあまりいい噂《うわさ》を聞かない相手から仕事の依頼がきたときは、やりとりが形として残るよう、必ずメールで金額を明示してもらいましょう。

それを嫌がるような相手の仕事を受けると、金銭的なトラブルが起きたり、ハラスメントに遭《あ》ったりする可能性が高くなります。

フリーランスの立場の弱さ、経済的な困難さを理解している人なら、最初からきちんと、ギャラを提示してくれるはずです。

また、もし仕事をしている間に担当者との間で問題が起きたら、担当者本人ではなく、**相手が所属している会社の上司や、しかるべき部署と交渉しましょう。**

「そんなことをしたら、その会社との関係が切れてしまうのではないか」と不安になるかもしれませんが、ちゃんとした会社であれば、事実関係をしっかり確認し、もしあなたではなく、担当者の方に問題があるとわかれば、適切な対応をとってくれるはずです。

逆に、あなたの方が一方的に切られるようであれば、その会社自体がパワハラ体質であると考えてもいいかもしれません。

そして、どうしても気の進まない相手からの仕事を勇気を持って断れるようにするためにも、ふだんからきちんとお金を管理し、いざというときに頼れるお金を確保しておくことは、とても大事です。

2019年5月に「改正労働施策総合推進法」（パワハラ防止法）が成立し、労働者を保護するための措置《そち》義務が事業者に課されましたが、フリーランスなど雇用されていない人については法律に規定がなく、防止の配慮や措置の責任者が存在していません。

ですから、**フリーランスの人は、何があっても冷静な判断を下し**、ある程度余裕を持って対処できるよう、あらゆる点で自衛の手段を講じておきましょう。

はじめての人のための
フリーランス節税事典

発行日　2021年 5月21日　第1刷
発行日　2022年12月 6 日　第2刷

著者　　横山光昭

本書プロジェクトチーム
編集統括　柿内尚文
編集担当　栗田亘
デザイン　小口翔平、三沢稜、奈良岡菜摘（tobufune）
イラスト　小辻結
編集協力　村本篤信
本文デザイン・DTP　廣瀬梨江
校正　荒井順子

営業統括　丸山敏生
営業推進　増尾友裕、網脇愛、桐山敦子、矢部愛、相澤いづみ、寺内未来子
販売促進　池田孝一郎、石井耕平、熊切絵理、菊山清佳、山口瑞穂、吉村寿美子、
矢橋寛子、遠藤真知子、森田真紀、氏家和佳子
プロモーション　山田美恵
講演・マネジメント事業　斎藤和佳、志水公美、程桃香

編集　小林英史、村上芳子、大住兼正、菊地貴広、山田吉之、大西志帆、福田麻衣
メディア開発　池田剛、中山景、中村悟志、長野太介、入江翔子
管理部　八木宏之、早坂裕子、生越こずえ、名児耶美咲、金井昭彦
マネジメント　坂下毅
発行人　高橋克佳

発行所　株式会社アスコム

〒105-0003
東京都港区西新橋2-23-1　3東洋海事ビル
編集部　TEL：03-5425-6627
営業部　TEL：03-5425-6626　FAX：03-5425-6770

印刷・製本　中央精版印刷株式会社

Printed in Japan ISBN 978-4-7762-1143-3

本書は2020年4月に弊社より刊行された
『ゼロからわかる！　フリーランス、自営業のためのお金の超基本』を
改題し、加筆修正したものです。